¥众筹

互联网+时代的融资新思维

郭春光　赵月阳◎著

人　民　邮　电　出　版　社
北　京

图书在版编目（C I P）数据

众筹 : 互联网+时代的融资新思维 / 郭春光, 赵月阳著. -- 北京 : 人民邮电出版社, 2016.1（2016.7 重印）
ISBN 978-7-115-41024-5

Ⅰ. ①众… Ⅱ. ①郭… ②赵… Ⅲ. ①融资模式－研究－中国 Ⅳ. ①F832.48

中国版本图书馆CIP数据核字(2015)第272690号

内 容 提 要

本书共分为8章，第一章结合互联网金融，介绍了众筹的定义、起源、规则等内容；第二章讲述了众筹在中国的发展历程、国内外众筹的差异与5个最具代表性的众筹平台；第三章讲述了4种众筹模式；第四章告诉读者众筹立项的技巧；第五章讲述了如何推广众筹项目；第六章讲解了众筹的策略与技巧；第七章介绍了众筹的风险；第八章讲述了众筹成功的案例。

本书逻辑清晰，案例丰富，注重实战，是一本实用、接地气、可操作性强的众筹指导书，适合怀抱梦想的初始创业者、中小微企业、众筹从业者与爱好众筹的读者阅读。

◆ 著　　郭春光　赵月阳
　责任编辑　郑冬松
　责任印制　周昇亮
◆ 人民邮电出版社出版发行　　北京市丰台区成寿寺路 11 号
　邮编　100164　　电子邮件　315@ptpress.com.cn
　网址　http://www.ptpress.com.cn
　北京京华虎彩印刷有限公司印刷
◆ 开本：700×1000　1/16
　印张：15.5　　2016 年 1 月第 1 版
　字数：244 千字　　2016 年 7 月北京第 3 次印刷

定价：49.80 元

读者服务热线：(010)81055296　印装质量热线：(010)81055316
反盗版热线：(010)81055315
广告经营许可证：京东工商广字第 8052 号

前言
PREFACE

众筹“筹”的是什么？

众筹“筹”的是什么？筹人？筹智？筹道？筹钱？筹未来？这些全都有。很多人以为众筹就是筹钱，其实不然，在众筹的过程中，创业者除了筹到所需要的资金之外，还能筹到人，这些人就是投资者。股权众筹实质上就是筹人的过程，一般来说，股权众筹设定的投资人数比较少，而能做股权投资的基本上都是有一定经济地位和社会经验的人，其本身可能拥有比创业者还多的社会资源。当这些人成为你的投资者之后，他们也许会给你一些企业管理方面的建议，或者在你们成为朋友后，通过他们的社会资源去完成更多的事。你可以和志同道合的投资者一起去再发起一个众筹项目，或者是一起投资其他的众筹项目。这些就是众筹的筹人、筹智、筹道，当这几样都有了就自然有了未来。因此，单用筹钱这个词来形容众筹，未免太过狭隘，众筹能给你的远远超过你的想象。

众筹在中国得到越来越多的人的认可，如今国家也支持众筹的发展，可以说众筹的未来光明。很多知名的 VC、天使投资人都转向了众筹投资，他们对众筹有自己的一番理解。真格基金创始人、新东方联合创始人徐小平说：“这是一个创业者最好的时代，创业者第一次被当作了英雄。在这样的时代里，众筹作为一种新的投融资渠道和创投之间的纽带，高效、亲民、平等，滋养了更多的创业者。”确实，众筹的出现给了创业者更多的机会，只要有能力就能创业，就不用再为融资而烦恼。先锋集团高级董事、总经理兼原始会负责人陶烨对众筹是这么理解的：“众筹的精神是开放、共享、草根，由此必将带来中小微企业的崛起和投融资的全球化，相信这会帮助中国经济释放更多的活力。”是的，众筹的本质就是开放与共赢，它的低门槛和多样性，给了更多中小微企业和个人更多的机会，满足了他们各种各样的需求。网信金融集团首席执行官盛佳对于众筹是这么形容的：“众筹融资，实际上筹资的过程也就是推广的过程，融资的同时不仅获得了资金，更重要的是获得了用户，甚至获得了未来的粉丝。”要想让众筹项目尽快获得成功，就免不了要做推广，在这个推广的过程中，你就有可能获得大批的用户支持，而这些用户中就存在着粉丝。有了粉丝之后，无论你日后想再发起什么项目，都能够得到他们的支持。

当然，也不是所有人都看好众筹，网络上的批评声音也不少。确实，众筹本身存在着不小的风险，而这些风险就是他们批评的原因。不过，无论如何，众筹是一个未来的趋势，因为它解决了目前很多中小微企业成长过程中融资难的问题，这就是它最有价值的一点，也是它能走得长远的依据。

目录
CONTENTS

第一章 众筹：别让融资难倒你

第二章 在中国，众筹困难不小，未来光明

第三章　模式：众筹模式，总有一种适合你

第四章　立项：好的众筹模式成功了一半

第五章 推广：把你的众筹告诉每个人

第六章　策略：把握技巧，你也能“孔明借东风”

第七章　风险：安全为上，防范为本

第八章 众筹案例：行行都能出“众筹状元”

第一章

众筹：别让融资难倒你

融资难，一直都是中小微企业难以解决的问题。银行的层层关卡，让很多中小微企业主花了大量的时间，跑断了腿，结果还是失望而归。而民间借贷的高利率又是中小微企业难以承受的。因此，融资难、资金紧张一直都是限制中小微企业发展的原因。众筹的出现，可以说在一定程度上帮助中小微企业解决了融资难题。现实中，确实也有不少企业通过众筹获得资金。

1.1 什么是众筹

近年来，众筹这个词风靡了互联网和投资界，投资人言必称众筹，好像不知道众筹，没参加过众筹，都不好意思说是互联网人或是投资界人士。那么到底什么是众筹，众筹又是从何而来的呢？

1.1.1 众筹的定义

众筹是从英语“Crowdfunding”翻译过来的，意思是大众筹资或是群众筹资，香港地区称作群众集资、台湾地区则称作群众募资。众筹是个人或是组织发起向大众筹资的一种新型融资方式，在互联网时代，人们基本是通过“团购+预购”的方式，向网友募集项目资金。互联网的快速、无界限的传播特性，加速了众筹模式的发展。在以往，中小型企业或个人想要融资是非常困难的，想要得到资金的唯一途径就是通过银行，但向银行贷款不只需要利息，而且门槛非常高。互联网众筹则完全打破了这一条，只要你的项目、宣传足够好，就可得到来自全中国乃至全世界网友的帮助。互联网众筹比起传统的融资方式，更为开放，同时，项目的商业价值也不再是能否获得资金作为唯一标准，只要网友喜欢即可。

罗振宇利用众筹模式改变了媒体形态，李善友用众筹模式影响了教育行业。类似于这种通过众筹获得成功的个人案例数不胜数。可以说，众筹不只对于大企业，对于中小企业更是一条发展的新出路，如图 1-1 所示。

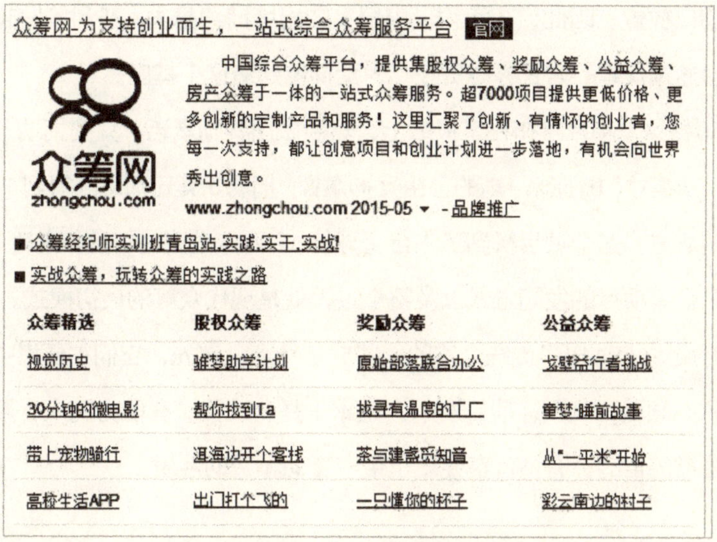

众筹网-为支持创业而生，一站式综合众筹服务平台 官网

众筹网
zhongchou.com

中国综合众筹平台，提供集股权众筹、奖励众筹、公益众筹、房产众筹于一体的一站式众筹服务。超7000项目提供更低价格、更多创新的定制产品和服务！这里汇聚了创新、有情怀的创业者，您每一次支持，都让创意项目和创业计划进一步落地，有机会向世界秀出创意。

www.zhongchou.com 2015-05 ▾ - 品牌推广

■ 众筹经纪师实训班青岛站.实践.实干.实战!

■ 实战众筹，玩转众筹的实践之路

众筹精选	股权众筹	奖励众筹	公益众筹
视觉历史	雏梦助学计划	原始部落联合办公	戈壁益行者挑战
30分钟的微电影	帮你找到Ta	找寻有温度的工厂	童梦-睡前故事
带上宠物骑行	洱海边开个客栈	茶与建盏觅知音	从"一平米"开始
高校生活APP	出门打个飞的	一只懂你的杯子	彩云南边的村子

图 1-1 各个行业都在通过众筹网融资

1.1.2 众筹的起源

众筹的起源有点让人意外，是一个看似与金钱、融资行业完全扯不上关系的故事，但事实上，就是这个看似毫无关系的事件成了众筹模式的开端。

1713 年，英国诗人亚历山大 · 蒲柏准备将古希腊诗歌翻译成英文。这是一项庞大的工程，诗歌总共有 15 693 行。1715~1720 年，他花费了近 5 年的时间完成了注释版的《伊利亚特》。蒲柏因此名利双收。这项伟大的文学工程之所以能获得成功，离不开蒲柏创新型的运作方式——众筹。

在翻译计划启动之前，蒲柏向读者们做出了承诺，答应完成翻译后给他们免费提供一套六卷四开本的早期英文版的《伊利亚特》，这个承诺为蒲柏带来了 575 名读者的支持，这些读者为他筹集了 4 000 多畿尼。蒲柏在这翻译的 5 年中就是靠这些资金维持基本生活，这些支持者的名字也被列在了早期的翻译版的《伊利亚特》上。

1885 年，美国诞生了第一个最具影响力的众筹项目。法国为了庆祝美国的百年诞辰，赠送了对方一座自由女神像，但因为这座女神像的基座没有完成，因此无法在纽约港口放置。因此，《纽约世界报》的出版商约瑟夫·普利策发起了一个众筹项目，想通过众筹的方式募得资金，为女神像建造这个基座。

普利策把这个项目发布在了报纸上，然后做出奖励承诺，只要捐助一美元，就可获得一个6英寸（15厘米）高的自由女神雕像；捐助5美元则可以得到12英寸（30厘米）高的雕像。这个项目得到了来自全球的12万人的支持，募集总额超过10万美元。这个众筹项目的发起方式以及整个过程就是现代众筹的最初模式。

众筹的起源表现出了传统众筹的一些典型特点。首先，它们主要集中在文学、艺术等创意类领域；其次，项目发起人基本上是有地位、有能力的人；最后，兼具了商业与公益的目的，有预付费性质也带有资助和赞助性质。

1.1.3 互联网众筹的诞生

世界上最早建立的众筹网站是 ArtistShare，于 2001 年开始运营，是公认的互联网众筹的先锋。这家最早的互联网众筹平台主要面向音乐节的艺术家以及粉丝。ArtistShare 当时是支持粉丝们资助唱片生产过程，然后获得仅在互联网上销售的专辑；艺术家则可以获得更加优越的合同条款。艺术家可以在网上发起众筹项目，用“粉丝筹资”的方式支持自己的新专辑，同时，粉丝支持后可以观看唱片的录制过程。2005 年，这种“为富于创造力的艺术家服务的全新商业模式”受到了外界高度赞誉，在这个平台上也诞生了不少杰出的音乐家。同年，美国作曲家 Maria Schneider 的“Concert in the Garden”成为格莱美史上第一个通过互联网销售而获奖的专辑，并获得格莱美 4 项大奖提名，最终荣获“最佳大爵士乐团专辑”奖。如图 1-2 所示。

图 1-2 某网站关于 ArtistShare 众筹的报道

2005 年后，各大众筹平台如雨后春笋迅速兴起，如 2006 年出现的 Sellaband、2007 年的 Slice The Pie、2008 年的 Indie Go Go、2009 年的 Pledge Music。

1.1.4 众筹的 3 大构成

一个众筹能否成功，会受很多因素的影响，但有些因素是不可控的。但无论结果如何，一个众筹项目要成立，3 大构成因素是绝对不可少的。这 3 大构成就是发起人、支持者以及平台。

案例分享

奥巴马可以说是众筹成功案例的最佳代表，他不仅推动了众筹的发展，还改变了美国的政治方向。奥巴马将众筹用在了自己的政治选举当中，此事要追溯到 2008 年奥巴马总统选举。奥巴马所属的民主党相对于共和党来说，资金相对较弱，因为他们相对来说不受那些大企业的喜欢，政治援金完全无法和共和党相比。

2008 年以 Facebook 为首的社交媒体迅速崛起，很多用户都喜欢在社交媒体上发表自己的看法以及政治意见，奥巴马的支持者也在社交媒体上表示对他的支持以及希望参加竞选筹款活动。奥巴马的团队看到了筹资的一种新方式，于是在社交媒体上发起了众筹项目，得到了众多小企业主甚至个人的支持，虽然每个人的支持数额很少，但是积少成多，2008 年竞选时，奥巴马的团队筹集集资超过了麦凯恩的一倍，数额达到了 7.45 亿美元。有了这笔众筹资金的支持，奥巴马成功入主白宫。

当时，支持奥巴马的人数有 300 万，85% 是通过互联网来支持奥巴马，其中绝大部分的数额都不足 100 美元，甚至还有人只捐献 1 美元，但是这些人和捐几千美元和几万美元的人的投票权都是一样的。

发起人：虽然缺乏资金，但有高超的创造能力

很多中小微企业或者个人有能力，有好的项目，但就是因为没有资金和人际关系，阻碍了了他们的发展。他们有极强的创造能力，往往能给人一种意想不到的惊喜。如果发起人具备一定的社会地位，有一定的影响力，众筹项目就更容易获得成功。

支持者：对发起人的项目和回报有兴趣的，并且有能力支持的人

支持者在看到自己喜欢的项目，或者看到了该项目的未来发展才会选择支持，但只喜欢还不够，必须还有能力。不过现在的众筹项目，资金档位有很多种，最少的一元即可，这么少的金额每个人都付得起。

平台：平台上是链接发起人和支持者的终端

这个平台必须具有传播性质，这样才可以让更多的人看到，在传统时代，众筹只能面向身边的人，或者报纸这类纸媒载体的读者，传播的范围非常有限。但如今，互联网是众筹最适合的平台，互联网有比传统媒体更方便、更快、传播范围更广、传播受众更多的优势。

1.1.5 众筹的规则

既然要做众筹，就要了解众筹都有哪些规则，了解规则只是进入众筹的第一步，不过如果第一步都走不好，那下面就会更加困难。

案例分享

一个杯子有多少价值？相信每个人都有不同的标准，但是有人却给出了一个惊人的答案：135万元。这又不是哪个古董，价格居然会如此之高。原来是Cuptime在2013年12月17日至2014年1月16期间，在众筹平台“点名时间”，发起的一个众筹项目。总共获得1358 583元资金。Cuptime只是一款智能水杯，是由麦开团队开发出来的。不过这个智能杯子除了有能通过蓝牙4.0手机相连，在恰当的时候提醒用户喝水外，别的和普通水杯并没有什么不同。那么Cuptime究竟是如何获得成功的呢？

Cuptime把时间把握得非常好，它把项目的时间设置为半个月，这样就不会因为时间过长而消耗用户的热情。但半个月的时间设置非常危险，因为如果不能完成筹资目标，项目就会失败。对此，Cuptime在重要的时间点上设置了惊喜，通过这个惊喜刺激新的用户。当众筹时间还剩下9天时，Cuptime只筹集到了53万元资金，众筹第一个周一般是粉丝最热情的时候，过了这个时间段粉丝的热情就会渐渐消退，因此如果在前期不能募得大部分的资金，项目失败的可能性会很高。

因此，在时间过了一个星期之后，麦开给了用户一个大惊喜，承诺如果众筹破百万元，每一位参与者不仅能获得一台Cuptime,还能获得一个Lemon健康秤。但是，即使如此，还是有参与者得到福利后，保持观望状态，他们准备在募资接近百万元时再稍微投入跟进，这样，原有支持者没损失，自己还能坐收渔利。为了打破这个局面，麦开决定当众筹破百万元后，后续支持的50台不享受既定惊喜。规则的转变，让原先保持观望态度的人快速入场，继而带动了众筹金额的飙升，如图1-3所示。

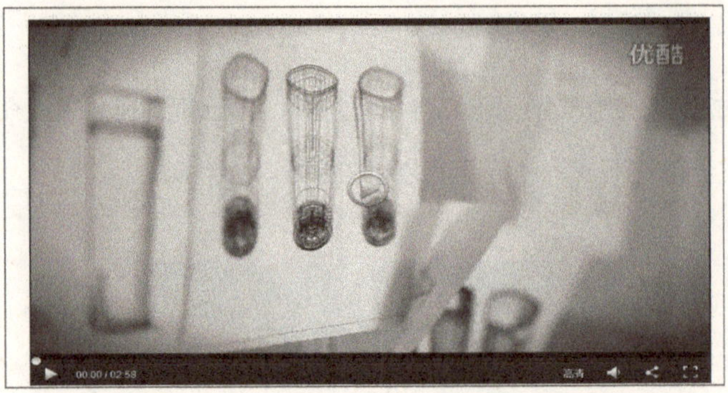

图 1-3　麦开 Mecare Cuptime 智能水杯官网视频

在预设时间内达到目标金额

筹资项目必须在发起人预设的时间内达到或者超过目标金额，才能成功。因此，发起人在时间设置上一定要把握好。时间太短容易失败，时间太长用户的热情会慢慢消耗，而且回报需要等较长的时间，用户对于众筹项目的关注也会相对降低。

众筹不是捐款，设有相应的回报

不要认为众筹就是一种捐款的形式，众筹不是无偿的。因此，发起人要设定一定的回报，回报可以是实物，也可是服务。众筹的支持有很多种档位，可根据档位的大小设置相应的回报。如果众筹项目失败，那么回报作废，已获资金也要全部退还支持者。

1.1.6　众筹的投资优势

众筹之所以会如此火爆，且有如此之长的历史，必定是有其优势存在。众筹相比于传统的融资方法优势非常明显。它更加低门槛、更加多样性、更加方便快捷，中小微企业或个人都能通过众筹获得自己想要的资金。

案例分享

在以往的电视、媒体行业中，一个节目的资金来源通常都是来自电视台，或者是广告。一个电视节目即使再好，没有电视台或者广告商的资金支持就无法继续运转，因此很多时候，一些电视节目的生死存亡的关键除了看收视率还要看所属单位或者是广告商。广告商很可能会因为个人的喜好而选择放弃继续冠名、投资该节目。所以，多数的电视节目因为资金问题处在了被动状态。但是罗振宇《罗辑思维》栏目的出现打破了这种被动局面，用众筹模式改变了媒体形态，如图 1-4 所示。

图 1-4　2015 年 5 月 28 日《罗辑思维》“午夜将至”

2013 年《罗辑思维》推出了 2 次“史上最无理”的付费会员制：普通会员 200 元；铁杆会员 1 200 元。即使成为《罗辑思维》的会员，罗振宇也不会保证会员任何权益，按正常的思维，用户是不会对不能保证自己任何权益的东西产生兴趣的，但让人匪夷所思的是罗振宇却成功地筹集到了近千万元的会费。用罗振宇的话说：“爱就供养，不爱就观望，大家愿意通过众筹养活一个自己喜欢的媒体节目。”

罗振宇以前是央视的制片人，因为不太适应传统媒体的层层审批而选择离开，希望能做新的自媒体节目，一切由自己做主。但是一个离职的且名气不太高的制片人，在没有大背景的庇护下是很难获得资金来开创新节目的，即使是能做也无法维持长久。但罗振宇发现了众筹的优势，他通过众筹模式成功地拉拢粉丝为自己的节目募集资金，不但让节目得以继续，还在互联网上火得一塌糊涂。

众筹的优势是利用群众的力量，用户的喜好决定了一切。而《罗辑思维》的选题，是专业的内容团队和粉丝一起共同打造的，用的是“知识众筹”。罗振宇在节目中讲过，一个人的思维和知识毕竟是有限的，想要做好节目就必须找不同领域的“牛人”来一起玩。《罗辑思维》的众筹参与者被称为“知识助力”，每周都要为节目策划选题，然后由罗振宇来主持。因此，《罗辑思维》的内容涵盖了方方面面，而且每一期都能给观众带来新鲜感。《罗辑思维》的微信粉丝已近200万人，每期的视屏点击量都破百万。

更为开放、安全的融资模式

相比传统的融资方式，众筹更加开放。只要有能力，无论是谁都可参与众筹。而且融资风险小。去申请贷款会将自己和金融风险绑在一起，但是众筹融资却只要在启动资金后向支持者做出回报即可。众筹不能以股权或者资金作为回报奖励，项目发起人更不能向支持者许诺任何资金上的收益，只能是以实物、服务或者媒体内容作为回报。对一个项目的支持也是属于购买行为，而不是投资行为。所以项目发起人无需承担资金上的风险。

通过营销获得更大更多的知名度和支持者

众筹本身就是营销方式的一种，项目一开始就能够吸引大批粉丝的目光。通过众筹，发起者可以提高自己或者产品在公众的认知度，为自己建立良好的社交关系，而且还能通过参与让支持者成为项目的一部分，进而提高支持者的忠诚度，最重要的是能够吸引潜在的长期支持者。通过众筹项目，个人或者刚刚创立的新企业，可以省下大量的时间和金钱成本。

1.2 利用 4 大特征做好众筹

想要让自己的众筹项目获得成功不是一件容易的事，但是如果一开始就能把握好众筹的 4 大特征，肯定能打下一个良好的基础。众筹有 4 大特征，分别是低门槛、多样性、群众性、注重创意，只要将这 4 大特征把握好，你的众筹项目就能获得一个开门彩。

1.2.1 低门槛，人人都可成为投资天使

众筹最大的一个特征就是低门槛，每个人都可以是发起人，每个人都可以成为投资天使。众筹对于发起人的要求不限年龄性别、社会地位，只要能有创意即可，对于支持者几乎没有任何要求，即使 1 元钱都可以。中国有 4 大众筹模式，分别是奖励式、股权式、债权式、捐赠式，其中门槛最低的是捐赠式，捐赠式基本以公益居多，即使只有 1 元钱，用户也可以参与。门槛最高的属于股权式，在 2015 年之前，股权式众筹的标准都是以 100 万元起，后来因为门槛高导致的失败率升高，将门槛从 100 万元降至 10 万元，新规出来后，参与股权式的发起人越来越多，支持者也越来越多，成功的项目也越来越多。

案例分享

板砖大余（原名余金华）就在众筹网上为自己写的书《O2O 进化论》发起了一个众筹项目。项目发起时间为 2014 年 3 月 25 日，截止时间为 2014 年 4 月 24 日，众筹时间为一个月，众筹资金目标为 2 000 个赞以及 1 000 元。项目结束后，总共获得了 1 007 元的众筹资金，

也就是说这个众筹项目成功了，如图 1-5 所示。

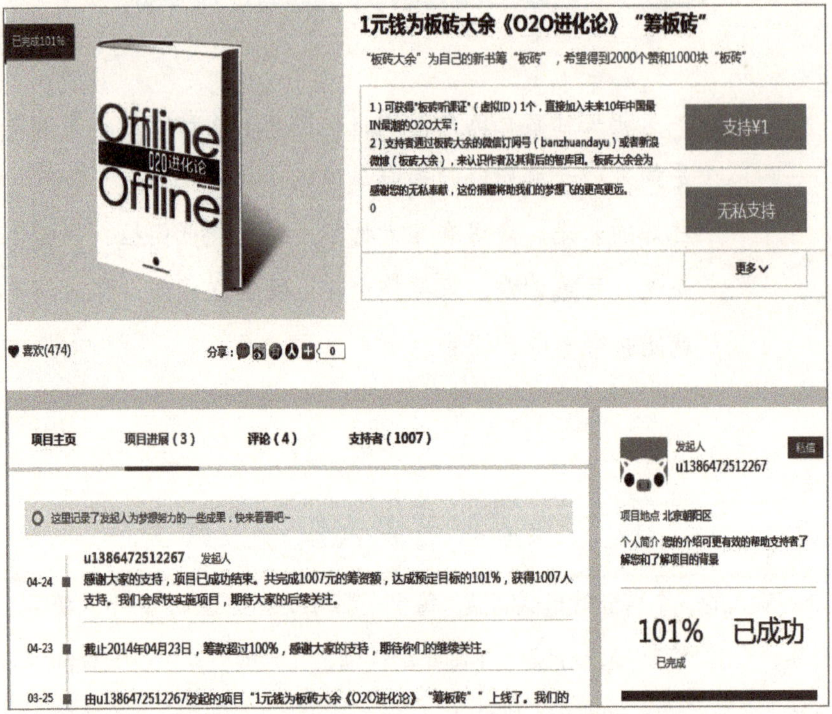

图 1-5　1 元钱为板砖大余《O2O 进化论》“筹板砖”项目

该项目的参与门槛非常低，只要 1 元，所有人都可成为这个项目的支持者。只要 1 元就可获得“板砖听证课”虚拟 ID 一个，同时通过板砖大余的微信订阅号或是新浪微博，还能获取优惠购物信息，并且参加线下听课、系列拍砖活动。

余金华这个项目之所以能成功，就是因为他把握住了众筹低门槛的特征。他发起这个项目主要是为了自己的书《O2O 进化论》做宣传，所以并没有把目标资金定得太高。为了让更多的人能参与进来，扩大宣传的效果，将支持档位设置为 1 元起。项目结束时，他获得了 1 007 元的众筹资金，也就是说有 1 007 个人参与了这个项目，余金华也因此获得了 1 007 个粉丝。

目标资金低门槛，才更容易获得成功

之前股权众筹的失败率为什么那么高，就是因为门槛设置的太高，100 万元的筹集资金一般人是不愿意冒这个风险的。所以，现在股权众筹的门槛从 100 万元降至 10 万元以上。100 万元和 10 万元的区别，不只是表面上的数字差别那么简单，100 万元的项目要比做 10 万元的项目付出 10 倍的努力、多承担 10 倍失败的风险，多 10 倍吸引用户的工作，用户支持的档位也多了 10 倍。这些 10 倍的差距，想要完成是非常困难的。所以说，适当地降低众筹资金门槛，获得成功的概率就会相对提高。

档位设置低门槛，才能吸引更多的人参与

每个人做众筹项目的目的都不同，有些人是为了募集资金，有些人则是将众筹项目当作一种宣传的手段，但无论是什么目的，都希望自己的众筹项目能成功，能有更多的人参与进来。因此，众筹项目的门槛就不能设得太高。特别是为了宣传才发起的众筹项目，吸引的人越多，效果越大。因此，适当地把档位降低才能吸引更多的人。就像是余金华为宣传所设的 1 000 元众筹资金和 1 元支持档位。

众筹的低门槛，就是为了让更多的人能参与进来。

1.2.2 多样性，满足众筹人不同的需求

众筹模式只有 4 种，但是可以参与的行业、产品却是不受限制的，可以是出版行业，可以是音乐行业，可以是餐饮行业，可以是科技行业，可以是自媒体行业、也可以是教育行业。只要你的产品、项目独具创意，就可发起众筹项目。众筹项目的多样性除了能满足不同发起人的需求，也能满足不同支持者的需求喜好。每个人的喜好都是不同的，我喜欢科技产品，他喜欢书籍音乐，我想要投资公司，他喜欢从事公益……这些不同的喜好，支持者都可以从各个众筹平台中找到。

案例分享

之前，大家听得最多的关于众筹的项目基本上是出版、文化、音乐、科技等行业的，许多众筹平台主要运营的也是这些项目。用众筹玩农业还是少之甚少，许多有农业众筹需求的人一直都找不到合适的平台，但在以“大家种”为代表的众筹平台兴起之后，有农业众筹需求的人们终于找到了出路。

五谷农场坐落于北京市通州区西集镇小辛庄村，农场的主人拥有20公顷（300亩）土地，准备将其建设成一个农场休闲区，但是苦于资金问题，该项目一直不能开展。农场主听过众筹可以筹集资金，也找了多家众筹平台，但很多平台负责的内容都不一样，对于农业方面的更是少之又少。后来场主找到了“大家种”，了解到这个众筹网站是专门针对有农业需求的人，于是场主就在大家种上发起“都市田园众筹计划”。该项目的众筹资金目标是20万元，项目结束后虽然只获得10个用户的支持，但是完成度却达到了194.5%，成功筹资398 000元，比目标资金几乎多出1倍，如图1-6所示。

图1-6　五谷农场发起的“都市田园众筹计划”

除了五谷农场，大家种上还有很多农业产品众筹项目，有蜂蜜、水果、核桃、草莓、黑猪肉等，多数的众筹项目都获得成功。这些众筹项目虽然小，但是受到用户们的欢迎。就像是留学生张灵芝发起的一个黑猪肉众筹项目就大获成功，其实张灵芝是把众筹项目当成了一个认购项目，但这并不影响它的成功。张灵芝设置了 5 000 元的筹资项目，项目结束后获得了 7 978 元，有 11 个人支持了这个项目，如图 1–7 所示。

图 1–7　张灵芝发起的“黑猪肉”众筹项目

很多人都惊讶这样的众筹项目居然也能成功，其实这并不意外，因为众筹模式的多样性特点已经说明了无论是哪行哪业，只要你有需要都能从众筹中得到满足。

众筹促进多样化投资

众筹的多样性特征促进了众筹人的多样性投资，从以往以文化界发展到现在的各行各业，众筹几乎涉及了每个行业。多样化的投资让众筹得到了高速发展，自 2011 年进入中国后，经过四年的发展，众筹已经得到前所未有的繁荣。未来，众筹还会继续繁荣发展下去，会涉及更多的行业，也会衍生出更多新的行业。

从多样化众筹平台上寻找相关性

众筹的多样性吸引了越来越多的众筹人加入，也让众筹人有了更多的选择。但有利也有弊，众筹的多样性也会让众筹人或者投资者迷了眼，失去了方向。因此，众筹人要学会在多样化的众筹平台上寻找相关性。每个平台有每个平台的特点，每个平台的优势项目不同，受众也不同，所以要想众筹成功，寻找最有相关性的平台是最重要的。

1.2.3 把大众的力量变成自己的力量

众筹与以往融资模式不同的是，它能把大众的力量变成自己的力量。以往的融资模式是向银行贷款，或者向少数人寻求支持，就比如足球队需要找到赞助商来维持自己的生存，一旦这个赞助商离开了，那么足球队就无法继续维持下去。想要获得成功，就需要依靠自己的力量，而传统融资自始至终都是他人的力量，因此存在着很大的风险。但众筹是把大众的力量变成自己的力量，把大众变成企业或是项目的一部分。当中小微企业或个人有了自己的力量后，就不用处处受限制，可以有更多的发展空间。

案例分享

专注于母婴智能硬件的创业公司“快乐妈咪”就是通过众筹网，把大众的力量变为自己的力量才有了如今的发展规模。

前不久，“快乐妈咪”在京东众筹上线了一款新产品——智能母婴安全秤，众筹价格为99元。创始人陶建辉给这个众筹项目设定的目标是30天众筹100万元。不过结果却证明，陶建辉小瞧了自己的产品，也小瞧了大众的力量，只用了一天100万元的目标就已经达成了。该项目是在2015年5月5日上线，截至2015年6月1日，众筹金额已经达到了1 532 900元，获得了6 588人的支持，如图1-8所示。

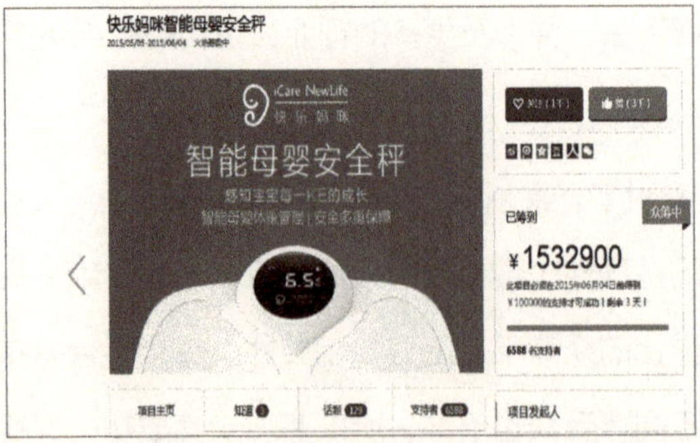

图1-8 京东众筹“快乐妈咪智能母婴安全秤”项目

这款安全秤只面向细分人群——母婴人群，众筹价格为 99 元，最终的市场售价还未定。这款秤与市场上的玻璃秤相比，最独特的地方就是采用了防滑塑胶的材质。这是考虑到了母婴人群行动不便而专门设计的。

创始人陶建辉只想在自己的网站卖，但是感觉做起来实在太难，因为“快乐妈咪”不比淘宝，很难吸引那么大的流量。而且本身的资金有限，想要先大量生产是非常困难的，但是众筹完全解决了量产的资金难题。陶建辉通过众筹网成功地把大众的力量变成了自己的力量，不再需要像以往一样要费尽心力地寻找投资人，寻找银行来获得资金支持。

群众的力量才是最大的力量

众筹为什么会兴起，且发展如此迅速，是因为它能获取群众的力量。也许普通群众并不像那些大投资者能一下子提供庞大的资金，但是其拥有的优势就是能积少成多，互联网网民有多少，力量就能有多少。大投资家毕竟还是少的，而想要获得他们的帮助也非常困难，成功的概率非常低。因此，不要小看群众。就像快乐妈咪的这款安全秤项目，其参与 1 元的档位的支持者就达到了 4 154 个，99 元 2 602 个，这部分的人群占据了目标资金的大部分。

只有群众感兴趣，他们才愿意给你力量

不是说只要在众筹平台上线一个项目，就能获得大众的力量。这是不可能的，各大众筹平台上失败的项目比比皆是。那么如何才能获得大众的力量呢？首要的关键点就是这个项目能让他们感兴趣，只要有兴趣他们自然愿意给你力量，有时即使是无偿的他们也非常乐意。就像是快乐妈咪的众筹项目就获得了 44 位的无私支持者。

众筹的最大精髓就在于，搭建一个平台，汇聚大众的力量变成一个力量来完成一个项目，并让参与的人从中获得利益。简单明了地说就是：“你自己买不起飞机，但是由 1 万个想买飞机的人跟你一起合作，那你就能实现自己的梦想，成为一架飞机的拥有者之一。”

1.2.4 注重创意，有新意才能吸引投资人

2011年，众筹的概念相继引入到各个领域中：有一个好的科技产品，可以去众筹；有个好的电影剧本，可以去众筹；想出一本书，也可以通过众筹方式获得资金。这种看似简单的商业模式，让很多创业者看到了春天。在这个领域，只要你的项目有创意，就能够吸引众多投资人的支持。通过众筹，可以把自己的想法变成现实。

案例分享

艾果极蛋迷你智能遥控器就是一个依靠创意而获得成功的众筹项目。现代生活环境的不断改变让我们的生活发生了改变，现在我们已经进入了智能家居生活时代。艾果极蛋的创意就是迎合了我们生活方式的改变，让我们可以扔掉所有遥控器，只用手机操控家中所有的电器，不再因为经常找不到遥控器而烦恼。

艾果极蛋的创意受到了很多人的欢迎，项目的目标计划是30天，众筹目标资金是300 000元，目前为止该项目已获得了485 500元的众筹资金，获得了3 888名用户的支持，离项目结束还有8天。艾果极蛋的众筹项目大获成功，如图1-9所示。

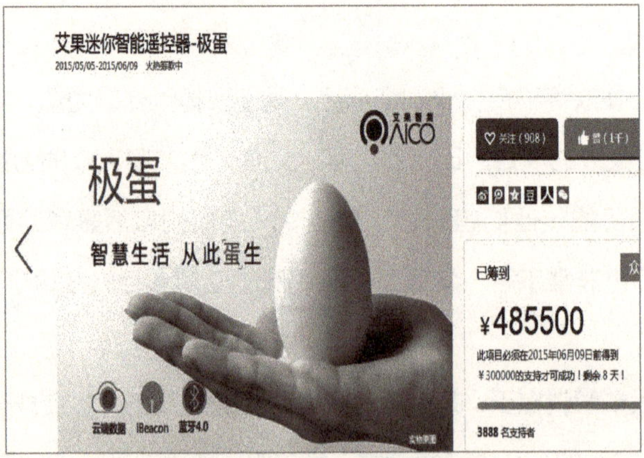

图1-9 京东众筹“艾果极蛋”

它之所以能这么受用户的欢迎，关键点就是在于创意。艾果极蛋只有 18g 重，外观设计非常有新意，像个鸭蛋，看起来又萌又可爱，携带非常方便。极蛋虽小，但五脏俱全，它汇集了 800 多个品牌的 4 000 个遥控器、200 多种红外协议、16 类家电，只要是生活中有的家电，极蛋都包含了。通过云端配对，用户只要用手机就可操作家中所有家电，在控制家电的时候，如果有来电，接听后电视就会自动静音，用户就不用再走到电视机前消音。同时极蛋可以自动遥控开关调节家电，除了定时开机关机，还可以监测室内温度，当室温低于设定温度时，极蛋就会自动开启调节。

创意就是能给用户带来新鲜感的

什么样的产品和项目才有创意？创意就是能给用户带来新鲜感的，能给用户带来惊喜的，能给用户带来以往不曾有的体验的。像极蛋的设计就是如此，其既轻便又可爱的外形，用手机就可以控制家电的功能，69 元的众筹价格，是很多用户不曾体验到的。就是这种新鲜感，极蛋才能如此受欢迎。

有创意性也要有实用性

很多人支持众筹项目是对这个产品感兴趣，是认为这个产品对自己是有帮助的。因此，在设计产品时，不能一味地只追求创意和新颖，而忽略了实用性。再好看，再有创意的东西都必须以实用性为前提。拿服装来举例好了，很多设计师在 T 台上展示的服装都非常有创意，并能引领新的一股时装潮流，但是这类设计，实用性并不强，其夸张的造型，别扭的穿法，在现实生活中很多人都会拒绝，即使是明星、时尚人士也很少会穿。

创意是众筹的最大特色，只要你有思想，有创意就可以加入到众筹领域中，并获得成功。

1.3 众筹与互联网金融

众筹是互联网金融领域新兴起的一个模式，它的出现，对互联网金融产生了巨大的影响，未来众筹也将成为互联网金融的主角。

1.3.1 什么是互联网金融

互联网金融是在支付、云计算、社交网络、搜索引擎、App 平台等互联网工具的支持下，兴起的一种资金融通、支付和信息中介等业务的新型金融模式。互联网金融不是表面看起来的那么简单，它不是互联网和金融业的结合，而是在实现绝对安全、快速移动等网络技术水平上，并随着互联网用户的需求而产生的一种新模式和新业务。

支付宝旗下的余额宝就是互联网金融的典型代表。依托于支付宝在线支付的庞大用户基础，余额宝上线没多久，就得到了市场的热烈欢迎，一度让传统金融行业感到了威胁。余额宝就是专门为中小微企业和个人服务的一种金融服务项目，用户可通过余额宝获得更高的存款利息，以及更加方便快捷的转账、支付等在线业务，如图 1-10 所示。

图 1-10　余额宝

截至 2013 年 12 月 31 日 24 点，余额宝累计用户数达到了 4 303 万，纳入资金规模达到了 1 853 亿元，给用户带来 17.9 亿元的收益。2015 年 4 月，余额宝规模逆市增千亿元。受益于余额宝的天弘基金公司也稳居基金市场的第一名，截至 2015 年第一季末，总规模为 727.04 亿元，此外，余额宝也成为全球第二大货币基金。

余额宝的成功可以说是互联网金融的典型代表，它的成功得益于互联网的发展以及用户对互联网金融的信心。

互联网的优势非常明显，因此才吸引了一批又一批的用户加入：第一，成本低，供求双方通过网络平台可以自行完成信息甄别、匹配、定价和交易，没有中介、交易、垄断成本，削弱了信息的不对称程度，比传统金融更省时省力。第二，效率高，业务主要由计算机处理，用户无须排队等候，处理速度更快，用户体验更好。第三，覆盖面广，互联网的无地点时间限制的优势，让用户能寻找到更多更匹配的金融服务。互联网金融以中小微企业为主，避免了传统金融业的服务盲区，大大地提高了资源配置的效率、有效地促进了实体经济的发展。第四，发展快，大数据和电子商务的快速发展带动了互联网金融的发展。

如今，互联网金融已经成为人们生活中不可缺少的部分。随着互联网金融的发展，还会衍生出更多的新产品。

1.3.2 互联网金融催生的众筹

互联网金融催生出来的众筹，注定与互联网金融有着密不可分的关系。没有了互联网金融，众筹很难得到好的发展，这是由互联网的特质决定的，而众筹也将成为互联网金融的主角。互联网金融众筹模式主要来源两个方面，分别为互联网基础和经济基础。互联网的信息获取和处理的低成本以及打破了地理界限的优势，为中小微企业及个人融资降低了风险，并提高了以微小资金参与大项目的机会，同时还可为项目方和投资方进行高效、合理的匹配。互联网的这些特点都为众筹模式奠定了基础，众筹模式在互联网的帮助下得到了更大的发展。

案例分享

从2011年开始，点名时间、人人投、追梦网等到现在的京东众筹、淘宝众筹、蚂蚁众筹等等，这些众筹网站都是依靠着互联网金融而产生的，它是除P2P网贷、第三方支付的第3大互联网金融模式。

人人投可算是股权式众筹中的翘楚，也是第一批成立的股权众筹网站之一。人人投成立至今，帮助了许多中小微企业渡过了资金难关，也让许多投资人找到了稳定的投资渠道，如图1-11所示。

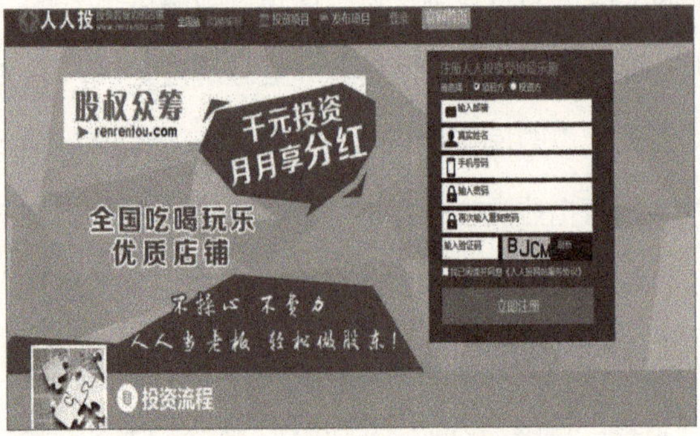

图1-11 “人人投”股权众筹平台

人人投是国内唯一一家获得互联网经营许可证的股权众筹平台。众筹项目双方可以通过邮箱、短信登录人人投个人中心，在财务收支版了解所投公司的收支情况，保证更加信息透明、安全健康的融后管理。人人投是第一家不参加资金管理的股权众筹平台，全都由第三方平台管理资金，也是国内第一家推出1 000万元投资保障资金的股权众筹平台，充分保证了投资者的财产安全。

在以往，中小微企业想要融资，除了传统银行和天使投资，就是从P2P网贷入手，但是P2P网贷和传统银行融资一样也需要经过层层关卡，企业主还需要背负沉重的利息。如果想出售股权以换得资金，一时之间也很难找到合适的买主。但有互联网金融大背景的股权众筹则完全解决了这个难题。互联网的无边界可以帮企业找到合适的投资人，在线支付和第三方管理也充分保证了投资者的财产安全。

互联网金融的无界限性质

传统众筹为什么很难得到大的发展，就是因为时间、空间上的限制，众筹项目的信息被封闭在一个固定的范围，而这个范围的受众又非常有限，很难一下子获取众多的支持者。而互联网金融的无界限性质，让众筹模式突破了这个局限。通过互联网，信息可以给整个中国乃至整个世界的人知道，信息扩散了，受众也就更多了。就如淘宝众筹。

信息获取和处理的低成本降低了风险

互联网金融的诞生就是因为互联网带来的信息获取和处理低成本的优势，而众筹模式的新起，也是依托于这个优势。在各个众筹平台上，用户可以自由发布项目，设定项目资金、时间、回报形式等，然后获取用户的支持，来实现自己的梦想。它不用像传统融资方式一样需要大量的资料以及产业的支持，只需要在网上发布就能得到用户的关注。而用户对产品的关注也非常简单快速，只要打开众筹网站，就可找到自己感兴趣的项目，省略了大量以往寻找产品所需要耗费的时间。

众筹是互联网金融的一部分，是依托互联网金融而生，没有了互联网金融这个大背景的支撑，众筹也很难有好的发展。

1.3.3 在线支付让众筹成为现实

会看众筹的历史，就可发现众筹早在几百年前就已露出了端倪，但是为什么一直得不到大的发展？其中的原因不是因为没有平台、没有好的项目、没有受众，而是因为没有支付的渠道。而众筹为什么能在近几年得到快速发展，就是因为新的支付渠道的出现——在线支付。现在基本上每个网民都会有拥有一个在线支付的方式，不管是各大银行的电子支付，还是微信、支付宝支付。这些在线支付渠道的出现，无疑解决了众筹一直以来无法解决的支付困难问题。

案例分享

以众筹网为代表的众筹平台如果没有在线支付的普及，是无法获得成功的。如何支付一直是用户们的一个大难题。如果通过银行汇款要支付手续费，还会浪费时间，这一点对于现在忙碌的人来说是不可能的。同时如果不是在线支付，传统的支付方式也无法支付小额汇款。

从（图 1-12）可以看出，众筹网上的项目，从几元到几十元的小额众筹项目比比皆是，传统的支付方式是无法支持 1 元甚至 5 元的汇款的。如果将众筹项目档位调到传统支付可接受的程度，那么这个项目也不可能获得成功。因为众筹筹的是大家的力量，如果都是大笔资金，很多用户都没有那个能力，而且也当心风险太大。但是在线支付不同，不管用户是几元还是几十万元都可以，因为数额小，用户就不会太过当心自己受骗。同时在线支付是通过互联网完成的，用户在支付的过程中会留下资料，如果项目不成功，也方便发起人将款项退回给用户。

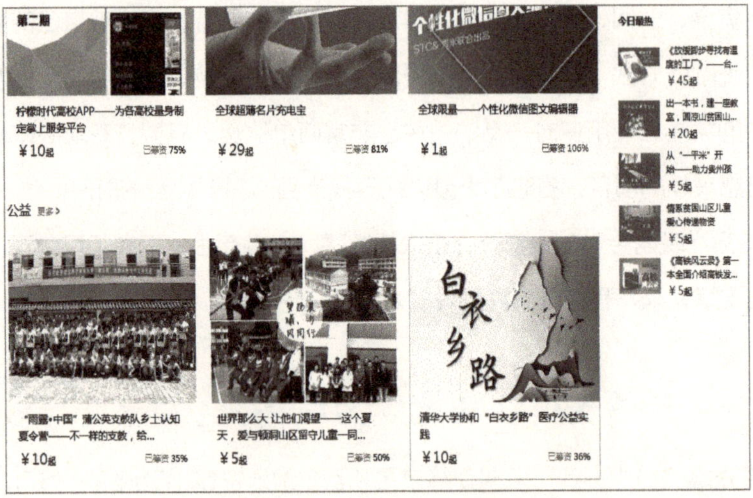

图 1-12　众筹网各个众筹项目

给用户提供最普遍的支付方式

现在的在线支付方式有很多种，每种在线支付的用户群都不同。因此，众筹平台设置支付方式时，除了链接各大银行的在线支付，支付宝和微信支付是一定要设置的。因为这两种支付方式已经成为了受众最广、最常用的支付方式。用户都怕麻烦，很多流程都希望能快速简洁地完成，如果在支付某个众筹项目时，却因为没有该种支付方式，用户通常都会选择放弃。所以，发起人在寻找合适的众筹平台时，也要把支付方式列为考虑的条件之一。

给用户提供最安全的支付方式

当在线支付成为了人们生活中最主要的支付方式时，安全问题也随之产生。因为支付安全工作不到位而导致用户财产损失的新闻屡见不鲜。所以，在支付安全方面的问题一定要做好。这不只是每个众筹平台需要做到的，也是项目的发起人需要做到的。发起人可以在项目的支付页面打上一些提醒用户小心支付的提示，这样用户看了就能更加安心。

在线支付已经和我们的生活密不可分，无论是网上购物，还是线下买卖，在线支付都已时时刻刻充斥着我们的生活。现在各大超市、实体店都采用了在线支付的方式，出门只需要带个手机就已足够。可见，在线支付对我们的影响有多大。

在线支付的出现无疑为众筹提供了最为方便的支付方式，为众筹的发展起到了直接推动的作用。

1.3.4 大数据为众筹提供依据

众筹是社交媒体、大数据和互联网金融结合下产生的一种新型产品，缺少其中任何一个因素众筹都不可能成功，社交媒体众筹提供了寻找用户的渠道，互联网金融是众筹诞生的基础，而大数据则是保证自己的众筹项目能得到用户喜欢的决定性因素。

一个众筹项目是否能到用户的喜欢，要看其是否满足了用户的需求，而用户需求的挖掘就需要大数据的支持。发起人只有收集并分析数据，才能得出最准确的用户需求点。找准了需求点，产品的设计才有方向，才能受到用户的欢迎。

案例分享

2014 年的中国电影节被业内称为“众筹元年”，许许多多的电影都通过众筹模式获得了资金，获得了成功。事实上，早在 2013 年，就有了中国电影史上的第一部众筹电影。2013年8月，网络人气动画《十万个冷笑话》就是因为通过网络众筹的方式获得了百万人民币，才让这部影片得以诞生。如图 1–13 所示。

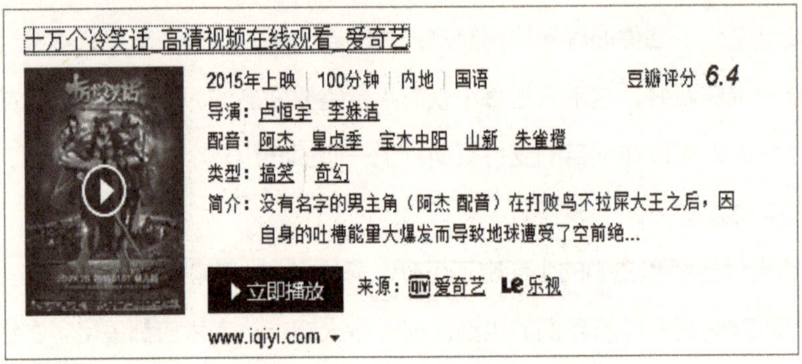

图 1–13　　《十万个冷笑话》大电影

2014 年 8 月 17 日，《十万个冷笑话》在北京举行发布会，并宣布电影将于 2015 年 1 月 8 日在全国院线上上映，同时还宣布了上海炫动传播、万达影视、有妖气、新浪娱乐、小米科技、万达电商、格瓦拉生活网、蓝港互动等 8 大出品方，整合了超过 2 亿元的营销资源为电影做宣传，这在业内还属于首次。

一部动画面居然能受到这么多人的支持！这就是因为大数据给了他们信心。《十万个冷笑话》动画版在 2012 年上线，获得了 15 亿次的点击量，完整阅读人次达到 7 300 万，动画超 17 亿次观看，平均单集点击量达到了 9 000 万。就是这些大数据给了出品方信心。

在当天的发布环节上，来了 300 多位粉丝，粉丝投了 1 元到千元不等的众筹资金，就是这些微投资人让《十万个冷笑话》电影获得了成功。根据片方介绍，电影原本的计划是召集 10 万个投资人，但实际上只有 5 000 人左右，不过这 5 000 人却帮助片方完成了资金目标——130 万元。

《十万个冷笑话》在 2015 年开播后，只用了一天半的时间就回收了成本，上映 10 天成功破亿。电影之所以能获得如此好的成绩，就是依靠当初大数据给了各个投资人信心。

通过大数据发现好项目

发起人想要自己的项目获得成功，首先就要看看这个项目是否合适，是不是个好项目。一个项目好不好，单是靠自己的判断是不够的，因为人多少都会带点主观。因此为了准确性，只能依靠大数据，通过大数据去发现好项目。发起人可以在各大社交媒体上收集一些相关数据，分析数据中哪些项目是较好的，较受用户欢迎，且有发展前景的。

通过大数据发现用户痛点

都说能解决用户痛点的就是好产品，众筹项目也一样，也是要以“解决用户痛点为目的”，但是用户痛点自己是发现不了的，所以还是需要依靠数据。发起人可以收集以往的产品数据。例如用户在官网留下的反馈，或是在互联网收集相关的信息。看看哪些是用户急需解决的，然后按照这个急需解决的点来设计产品。

不管在哪个商业时代，大数据都是其中的绝对主角，各大企业也将看作帮助自身发展的重要因素，大数据的功能非常强大，各行各业的人都用得到。懂得利用的企业都获得了成功，想要众筹项目获得成功的创业者千万不可忽略大数据，把握好它就成功了一半。

1.4 互联网思维助力中国众筹兴起

近几年，与众筹一起成为社会热词的还有“互联网思维”，各行各业关于“互联网思维”的讨论不绝于耳。甚至有传言说，在一些公司中，被人说“你能不能有点互联网思维，你这个想法不是互联网思维”，已经成为了对工作的批评之语。可见“互联网思维”对人们的影响之深。

众筹也是在互联网思维的影响下兴起的，许多中国企业都会用互联网思维来玩众筹，或者把互联网思维与众筹模式结合起来。纵观市场上的一些案例，这种方式非常有效，超过了互联网思维和众筹单打独斗时的局面。由此可见，互联网思维对于众筹模式带来的影响是非常正面的。

案例分享

近几年，房地产行业的销售压力陡增不减，许多开发商开始尝试用互联网思维买房子，打着各种互联网思维的创新机构也由此而生，众筹买房就是其中之一。远洋地产和京东的合作就是一次利用互联网思维做众筹房产的典型代表。

2014 年 11 月 11 日，远洋地产推出了一场“11 元筹 1.1 折房”的房产众筹活动，拿出了 7 个城市的精品房进行 1.1 折众筹。在京东金融的“小金科”或“白条”用户京东众筹页面，支付 11 元就可参与购房抽取资格。其他用户则需要支付 1 111 元。在 17 日结束后，京东会退还用户所有的金额，如图 1-15 所示。

图 1-14　远洋地产在京东上发起的“凑份子买房折扣活动”

远洋和京东的这次众筹购房，其实并不是为了卖房 ，而是利用互联网思维中的创新、营销和跨界思维为房地产做宣传。通过众筹模式来买房在业内实属罕见，大家都非常好奇，房地产是如何做众筹的。这种创新的售房模式给用户带来了充分的新鲜感。其实远洋地产做众筹，不是为了卖方，而是为了宣传，重在营销。房地产本身是需要大量资金投入，但是回流又特别慢的行业，而此次京东和远洋联手推出的房产众筹项目，无疑打破了这一屏障，让中小投资者甚至是普通人都能参与其中。对房企来说，众筹模式卖的不是房，而是通过这种模式扩大了自身的影响力，众筹房产说到底就是一种营销手段。

传统的创业和产品以及模式创新，都要通过一层层的标准化程序。你想融资，就先得说服银行或者天使投资人，然后再看你的商业模式有多大成长力，你的圈子够不够大。有可能你自己认为好的项目有发展的项目，却得不到银行或是天使投资人的认可。传统的融资模式是会扼杀个性化和创新的。

但互联网思维下的众筹就不一样，众筹项目与那些 VC 捧热的项目有着很大的区别，众筹通过互联网，把分散在世界各地的投资人挖掘出来，聚集起来，他们是因为创新理念的认同而聚集在一起的，而不是单纯的因为利益。同时，众筹还分散了单纯一个大 VC 支撑的风险。这就为那些创意创新、个性化的、没有资金的创业者找到了一个全新的生态圈。同时传统投资是可以无限复制和标准化的产物，但是众筹却是个性化、定制化、分散化的产物，它看的是你的产品是否足够创新、足够颠覆。

1.5 众筹的意义

众筹为什么会兴起，且能发展得如此迅速？肯定是有其意义所在。首先，打破中小微企业融资难局；其次，降低个人创业成本，成本降低了分险就小了，也就有更多的人愿意加入到创业大军中来；最后，实现多方共赢。众筹所能得到的利益，不只有发起人，还有参与者与平台。

1.5.1 打破小微企业融资难局

以往小微企业想要融资非常困难，向银行融资需要经过重重审核，有时间限制还有高昂的利息；依靠个人的能力向亲戚朋友融资所得的资金也非常有限，因为没人愿意花大笔钱做一个充满风险性的投资，有也是非常少数。传统的债务思想观念是资本不足就无法进行负债，有了股本才能贷款，而小微企业多数都存在着资本不足的问题。可以说“小微企业融资难是世界性难题，并不是中国特有的现象”。但众筹的出现，可以说完全打破了这个难局。

案例分享

天使式众筹——大家投众筹平台，它不但是为用户提供众筹渠道，它本身也是依靠众筹起家的，如图 1-15 所示。

图 1-15　众筹网站“大家投”

大家投网站的创始人李群林最初在创立大家投时遇到了不小的困难，许多 VC 投资人都把他拒之门外，因为他不是互联网投资人喜欢投资的明星创业者，他没有粉丝基础，因此有较大的风险。向银行融资更是不太可能，因为李群林的资本不足。但是他并没有因此而放弃，他不断地在微博上传播众筹资金的理念，通过微博获得了一批欣赏他的粉丝（见图 1-16）。两个月后，他成功地赢得了深圳创新谷孵化器的注意，对方表示愿意做他项目的投资人。之后，他又陆续吸引了 11 位投资人。李群林设置的档位最高 15 万，最低 3 万元，李群林让出 20% 的大家投股份。

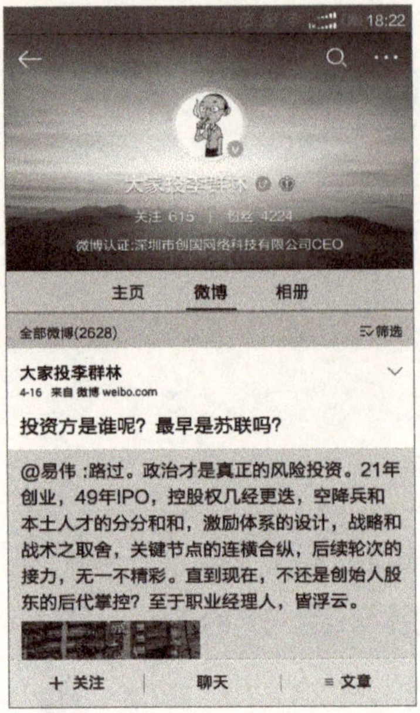

图 1-16　李群林微博

大家投的模式是：发起人在网站上发布项目后，吸引小额投资人；达到融资额度后，投资人就可按照各自出资的比例成立有限合伙企业，然后再以这个身份入股被投项目公司；被投资公司则出让公司股份。融资成功后，大家投会从中抽取 2% 的融资佣金。

大家投还推出了一个“投付宝”来解决用户和商家之间的信任问题，投资人把投资款先打到由兴业银行托管的第三方账户，等公司正式注册验资时再拨款进公司。这样就可避免投资人轻易反悔的情况，大大地提升了创业者的融资效率。

根据自己的情况选择融资模式

每一种众筹模式都不同，创业者要对自己的项目有充分的了解。例如股权众筹就比较适合成长性较好的高科技创业公司。但这种模式，需要创业者本人有极大的个人魅力能影响到投资人。可以由在一个专业领域有影响力的创业者，结合社交网络来进行募资。利用社交网络的信息传达功能让项目信息传递给更多的、懂行的或者愿意信任自己的，而且有一定投资能力的投资者知晓。

投资者往往是小号粉丝

多数的创业者在寻找融资对象时基本上都首选大型企业机构、微博大V，其实投资者更多的是关注你的小号粉丝。他们有些甚至没什么经验，但是对你的产品产生了兴趣，因此愿意支持你的众筹项目。像大家投的12名投资人中，有经验的才5个人，其他人则是因为对李群林个人以及他的产品产生了兴趣才愿意投资的。

众筹的出现，为中小微企业的融资提供了一条新的渠道，而且更快速、更简单。

1.5.2 降低个人创业的成本

以往，创业者想要创业成本很高，就像是要进行一笔投资，单一投资的话，金额非常庞大，多数人都没有这个资金实力。如果几个人合伙一起投资，彼此之间是否信任也是一个很大的难题。因此，导致创业项目成功率少，成功项目多数掌握在少数的有资金能力的人手里。众筹的出现打破了这一垄断局面，众筹模式门槛低，人人都可参与，投资的金额大小不等，多人投资也降低了个人投资的风险。

案例分享

互联网分析师许单单这两年可谓是真正火了的，但是他火的并不是因为分析师的身份，而是从分析师成功转型为知名创投平台3W咖啡的创始人。3W咖啡通过众筹模式，向用户募集资金，众筹的档位为6万元，一股6 000元，每个人10股。

想必大家都知道，想要开一家咖啡厅不是一件简单的事，庞大的资金和咖啡厅的创意设计就是个极大的难题。开一个咖啡厅少说都是100万起步，而且咖啡厅行业竞争大，是个不容易盈利的行业。如果你的咖啡厅设计得不够独特，不够符合文艺青年的喜好，是很难吸引人前来消费的。因此，开咖啡厅的风险是非常大的，高昂的创业成本普通人根本承担不起。开咖啡厅的风险，许单单也考虑到了，因此她想通过众筹模式来帮助那些承担不起风险的创业者获得开咖啡厅的机会，如图1-17所示。

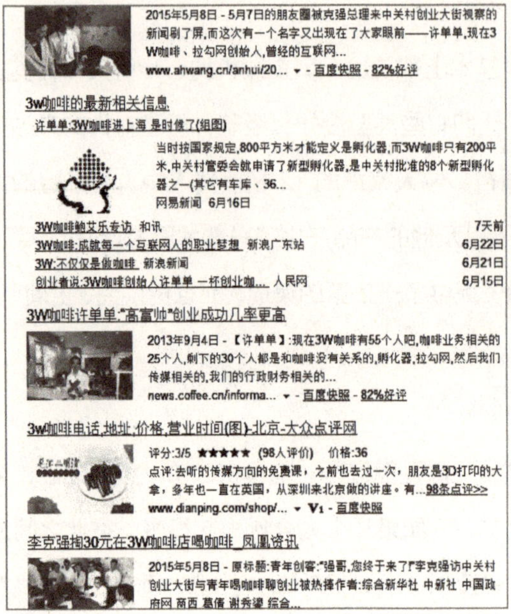

图 1-17　3W 咖啡相关搜索

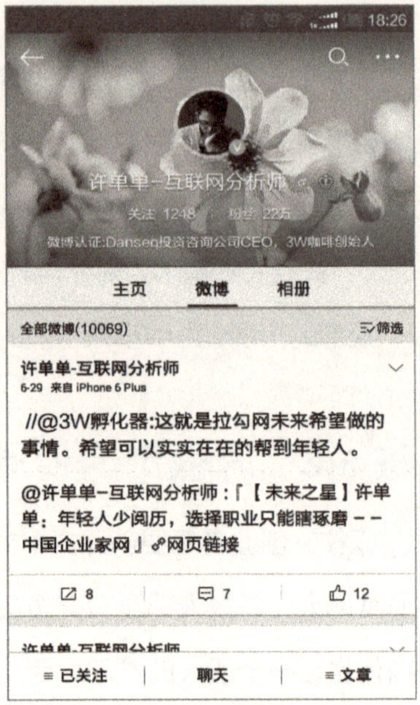

图 1-18　许单单微博

许单单是微博名人，因此通过微博的影响力，很快就吸引了一大帮知名投资人、创业者、企业高级管理人员，包括沈南鹏、徐小平、曾李等数百位知名人士，3W 咖啡很快就引爆了中国众筹式创业咖啡在 2012 年的流行，如图 1-18 所示。

3W 咖啡的股东必须符合一定的条件，并不是说有钱就可以成为 3W 咖啡的股东。它强调的是互联网创业和投资圈的顶级圈子，他们加入的目的除了为了分红，也是为了圈子和社交价值。创业者在 3W 咖啡中找到一个好项目，6 万元钱很快就能赚回来，同时，还能认识大批优秀的创业者和投资人，这些人衍生出来的商业价值是无穷无尽的。这种众筹模式，既能降低创业成本，又能在赚钱的同时赚取人际关系，投资者何乐而不为。

降低创业成本的同时还能降低库存压力

众筹不只能帮助创业者获得创业资金，降低创业成本，还能降低众筹成功后产品的库存压力。创业者只要在众筹平台上发起项目，先筹得资金，等待成功后再批量生产产品，而且还可以按照众筹参与的人数来生产，这样就避免了产品滞销，企业要承当库存的风险。

降低创业成本的同时还能获得人际关系

众筹除了能降低创业成本，还能获得人际关系，这一点在股权众筹上尤为明显。一般能参加股权众筹的人都有一定的经济实力以及从商投资经历。如果你的股权众筹项目设定了 10 个投资人，成功后你就可以认识这 10 个有经济实力和从商投资经历的人。不只可以从他们身上学习到一些从商智慧，而且他们本身也肯定拥有一些商业项目，如果运作得好，你就可以发现新的商机。就像是 3W 咖啡那样。

就是因为众筹有降低创业成本这一优势，所以它能吸引那么多创业者加入。

1.5.3 实现多方共赢

任何商业模式想要获得成功，都不是单方获利的，众筹也一样，它存在的意义就是实现多方共赢。只有实现了多方共赢，才有更多的人愿意加入进来。一个众筹项目如果成功了，不只创业者能获得众筹资金，投资者也能得到他们想要的产品，作为中介商的众筹平台也能从中抽取佣金，以维持自己的长久运作。

案例分享

追梦网是上海追梦网络科技有限公司旗下的众筹网站，是国内众筹网站的先行者。2011 年 9 月 20 日正式上线。追梦网是一个综合类的网站，无论是音乐、电影、科技、出版产品都能在平台上发起众筹项目。如图 1-19 所示。

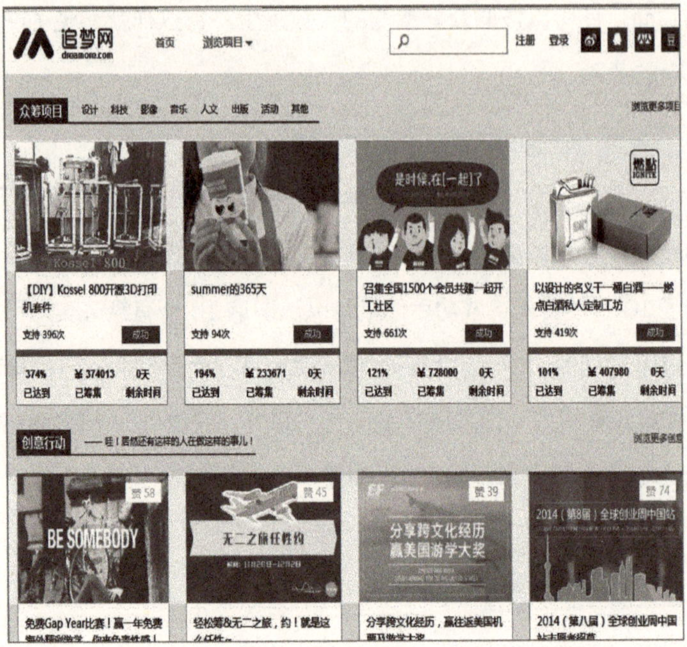

图 1-19 追梦网

追梦网从 2011 年上线至今，获得了不少创业者和投资人的支持，拥有着大批忠实的粉丝。追梦网已运行了 4 年，许多在 2011 年上线的众筹网站都消失了，而追梦网却一直屹立不倒，并且发展得越来越好。支撑它到现在的就是因为追梦网创始人杜梦杰一直秉持着“多方共赢”的创业理念。从 2011 年上线到 2012 年年底，追梦网的总筹资额就达到了 300 多万元，帮不少创业者实现了梦想，许多投资人也从中找到了自己喜欢的投资项目。2011 年年底，追梦网被评为互联网优秀创业企业，2012 年 11 月获得《创业家》杂志的专业比赛黑马大赛冬季赛 30 强。

追梦网的成立不只是要为自己盈利，也要为创业者、投资人盈利。多年的运营实践证明了杜梦杰的坚持没有错。

平台佣金不能设定的太高

从 2011 年发展至今，不断有新的众筹平台出现，也不断有众筹平台退出。这些众筹平台之所以失败，有很多原因，运营不当、宣传力度不够，各种各样的因素都有，有些平台则是因为太过贪心，把佣金设定得太高，从而让很多创业者打了退堂鼓，另寻服务费低的众筹平台。就像是《星际公民》这部电影，因为 Kickstarter 的服务费设定太高，它选择了用直接面向粉丝众筹资金的方法，最终筹得 2 100 万美元，除去在 Kickstarter 筹到的 200 万美元，其他的都是在自己的网站进行，Kickstarter 的服务费是全部众筹资金的 5%，现在等于为自己省下了 95 万美元。

先让创业者和投资者盈利，再让自己盈利

先让创业者和投资者盈利，才能吸引更多的人进来，也才能稳固他们，让他们成为自己的忠实粉丝。因此，那些刚刚起步的新众筹平台应该要把握住一点，先让创业者和投资人看到盈利点，然后再找自己的盈利点。就像是京东的“凑份子”和远洋房产的合作，通过京东众筹，远洋房产得到了自己想要的宣传效果，投资者得到了自己想要的 1.1 折的买房价格，最后京东通过这次活动顺利的迈开了众筹之路的第一步。

只有多方共赢，才能有长久的发展，任何一种只有一方盈利的商业模式都是不可能长久存在的。

1.6 众筹在国外：国外 5 大众筹平台

众筹最先是从国外兴起的，2011 年才正式进入中国。国内多数的众筹网站都是借鉴国外的众筹平台。确实，国外的众筹网站有很多值得借鉴的优点。我们选取最具代表性的五个国外众筹网站，分析他们成功的关键点是什么。

Kickstaeter：它被称为全球第一众筹平台，在多个国家都有着非常大的影响力。Kickstaeter 2009 年于美国纽约成立，它的创意来自一位华裔创始人——陈佩里。Kickstaeter 成功资助了来自各行各业的创业者，帮助他们实现了自己的梦想。Kickstaeter 被《纽约时报》评为“2010 年度最佳发明”和“2011 年度最佳网站”。Kickstaeter 是一个创意方案众筹网站，一直以在文化艺术方面的募集著称。网站的项目主要分为 13 类，包括艺术、舞蹈、动画、设计、时尚、电影、食物、游戏、音乐、美术、出版、科技、戏剧。音乐类融资的效果是最好的，占据总融资的 27%，电影次之。

Crowdcube：全球首个股权众筹平台，是由 Darren Westlake 和 Luke Lang 在埃克塞特大学创新中心建立的，英格兰银行称其为银行的颠覆者，因为它创立了企业经营者筹集资金的新模式。Crowdcube 是以股票为筹资基础的众筹平台。通过该平台，企业家们就可绕过银行和天使投资，直接向大众筹集资金。而投资者除了可以得到投资回报，还能成为众筹项目公司的股东。

Ingiegogo：不限定客户类，其目标客户多是大型的投资公司，但是最大的不同是，其他类型的众筹网站都有特定的服务对象，而 Ingiegogo 却没有，而且不对网站上发布的项目进行审查。无论是哪个行业的创业者都可以从 Ingiegogo 上获得资金，从肝脏移植，到购买新专辑，再到餐厅。

Gambitious：它是荷兰一家只针对游戏的众筹平台，通过网站把游戏网站和游戏开发商链接起来。玩家可以通过平台向喜欢的游戏提供赞助，还可在游戏发行前制造相关话题，帮助游戏做宣传，也可在平台上购买游戏的股权，所支持游戏盈利后可参与分红。

AppStori：它是指针对应用程序开发的众筹平台，从其名字就可看出这个平台与 App 的联系，该平台专门针对智能手机应用程序的细分型众筹和协同开发平台。很多 App 的开发者在研发早期缺乏资金支持，通过这个平台可获得研发资金，App 开发者的关系不会随着项目活动终结和结束，也不会随着 App 退出市场而结束。不过该平台收取的佣金比其他平台要高，如果项目成功，平台要收取总集资金额的 7%，同时还不包括 Amazon Payments 所收取的 2%~3% 的服务费。

相比于国内的各大众筹平台，国外的众筹平台运行模式较为成熟稳定，各大众筹网站应该充分吸收它们的长处，融合自己的特色不断地优化自己的众筹平台。

第二章

在中国，众筹困难不小，未来光明

众筹自进入中国后，就受到了不小的挑战。投资者的信任缺失、法律法规的不完善都一直限制着众筹在中国的发展。但即使困难重重，许多众筹人也都在咬牙坚持着，而结果也证明众筹在中国确实可行，有着很光明的未来。如今，也得到了国家的支持，相关的法律法规也在进一步的完善中。

2.1 国内5大众筹平台

近几年，国内的众筹平台就如雨后春笋，纷纷冒了出来。许多创业者都看中了众筹的庞大市场，但是市场越大，竞争就越激烈，问题也就越多。如今中国的众筹网站就出现了很多同质性的问题，大多数的众筹网站的定位都差不多。这些同质性的网站如果想要脱颖而出，就看谁运营的好，谁的实力雄厚了。

2.1.1 京东众筹：电商大佬搅局众筹

2015年3月31日下午，京东在北京召开发布会，并对外宣布了3件事：第一，京东金融股权众筹项目正式上线；第二，开始打造“京东创业生态圈”；第三，成立“京东众创学院”。消息一出，业内人士表示“情理之中，意料之外”，因为从京东多年的发展来看，刘强东是不可能放过众筹这个香饽饽的，但是没想到却是如此之快，如图2–1所示。

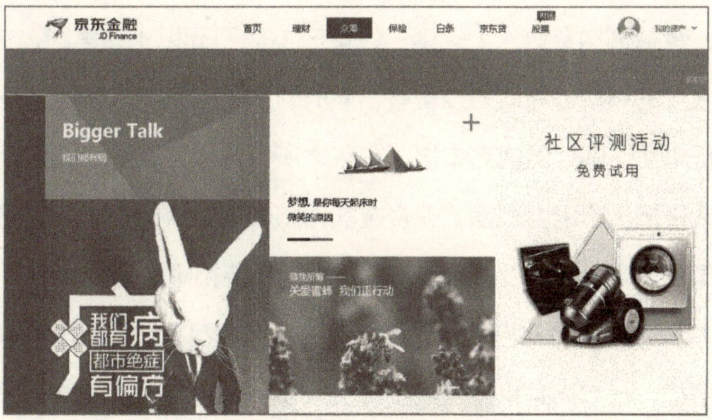

图2–1 京东众筹

众筹作为互联网金融的一种新兴模式，一进入中国便得到了广泛关注，并迅速被贴上了团购、预售的标签，但是京东众筹的定位并不是预售，而是还原“众筹是实现彼此梦想”的本质。除了这些，股权众筹是京东众筹的重要项目之一。京东股权众筹借助自身的金融平台优势，采用了“领投 + 跟投”的模式，在众筹过程中京东会安排一位经验丰富的专业投资人做领投人，然后让其他投资者做跟投。而跟投人要把跟投得来的 20% 的收益分享给领投人。

同时京东将众筹模式设计分成了两个阶段，第一阶段路演，也就是项目征集；第二个阶段是资金募集。这两个阶段完成之后，京东就会做出投后管理，在融资的每个阶段设置对应的股权结构和配套推出机制，如图 2–2 所示。

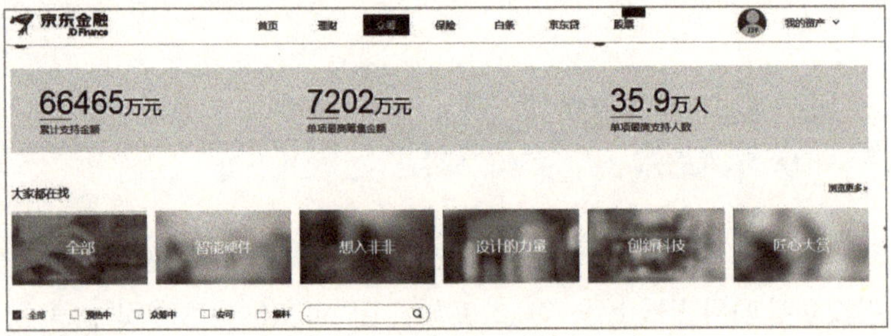

图 2–2　京东众筹的发展结果

京东众筹的发展成果

京东对投资者的要求非常高，京东设定的 4 个条件：第一，年收入不低于 30 万元；第二，金融机构专业人士；第三，资产 100 万元以上；第四，专业 VC。达到 4 个条件之一的用户才能成为投资者，同时，除了京东用户和商家外，京东还要对投资者进行电话、邮件的实名审核。京东之所以对投资人进行门槛设置，是对风控的考虑，选择抗风险能力较强，有资金实力做长期投资的投资人有利于股权众筹平台资金的稳定，同时也让投资数额与项目进度保持相对的平衡状态。

京东股权众筹之所以对投资人进行门槛设置，虎嗅网认为，出于京东股权众筹项目风控的考虑，一方面是京东为控制投资人质量，选择抗风险能力强的投资者，资金充裕，适宜长期股权投资，不急于退出，有利于股权众筹平台资金稳定；另一方面，在京东股权众筹平台的创业项目有严格筛选门槛，数量上必然有限，控制投资者质量也能起到投资数额与项目进度的相对平衡。

京东的另一大项目就是“凑份子”，用户可以通过该项目参与京东众筹项目的生产、定价等环节，这也算是京东金融的第五大版块。“凑份子”首期推出的项目有 12 个，其中有 7 个智能硬件，5 个流行文化项目。这些项目的共同特点就是新奇好玩，如可随意控制颜色、亮度甚至配有蓝牙开关的灯泡，汪峰鸟巢演唱会，以及《小时代 3：刺金时代》众筹项目等。

“凑份子”的参与方式是认购，比如《小时代 3：刺金时代》众筹项目，该项目的认购金额从 49 元、69 元到 89 元不等，可以得到的众筹回报是 7 月 17 日《小时代 3：刺金时代》电影票以及限量版 T 恤。

京东“凑份子”与其他众筹平台最大的不同就是将电商放在了众筹的前置位置，把单纯的销售平台变成从创意到量产的孵化平台，颠覆了传统的电商模式。

京东众筹的优势

京东做众筹的优势非常明显，首先，是强覆盖，京东可以为高人气的品牌背书，既能让大部分用户所熟知，也能吸引到较高质量的筹资人和出资人。其次，信任度十足，京东的大数据能力可以帮助投资人鉴别项目、控制风险。最后，在京东大平台的背景支持下，可以让众筹与孵化融为一体，在众筹项目发展的整个过程给予扶持。

京东众筹的风险

京东众筹的风险也不小，例如股权众筹项目的风险就有两个方面：一方面，项目本身的质量问题以及创业团队的稳定性问题，这个团队是否是一个可持续发展的团队；另一方面，众筹中投资人是否具备良好的契约精神，多数的创业公司在发展初期都是处于波折期，很容易发生股权纠纷的问题。

京东众筹可算是众筹行业的新贵，有京东这个大背景的支持，未来的发展道路势必非常光明。

2.1.2　众筹网：推动公益众筹透明化

传统公益项目被人诟病已久，传统公益也在近几年遭遇了瓶颈，很多人对传统公益失去了信心。造成这种局面的最大原因就是公益的不透明化所致，因为这种不透明化，让中国近几年的公益活动陷入了僵局。但是在 2011 年众筹进入中国，进入公益行业后，这种僵局被打破了。一些公益众筹平台和公益众筹项目得到了很多人的支持，它颠覆了传统公益不透明弊端的支点。在众多的公益众筹平台中，众筹网公益可以说是公益众筹的最佳代表，它的出现直接推动了公益众筹透明化的发展。

2015 年 1 月 25 日，众筹网《2014 中国公益众筹研究报告》发布会暨公益众筹投资人沙龙在圆恩空间成功举行。这份报告向社会说明了众筹对中国公益事业到底起到到了多少推动作用。单是众筹网在 2014 年累积上线的公益项目就有 500 多个，共获得两万名投资人的支持，筹资超过 500 万元，为许多中小 NGO 组织和个人解决了公益资金缺乏的困境，如图 2–3 所示。

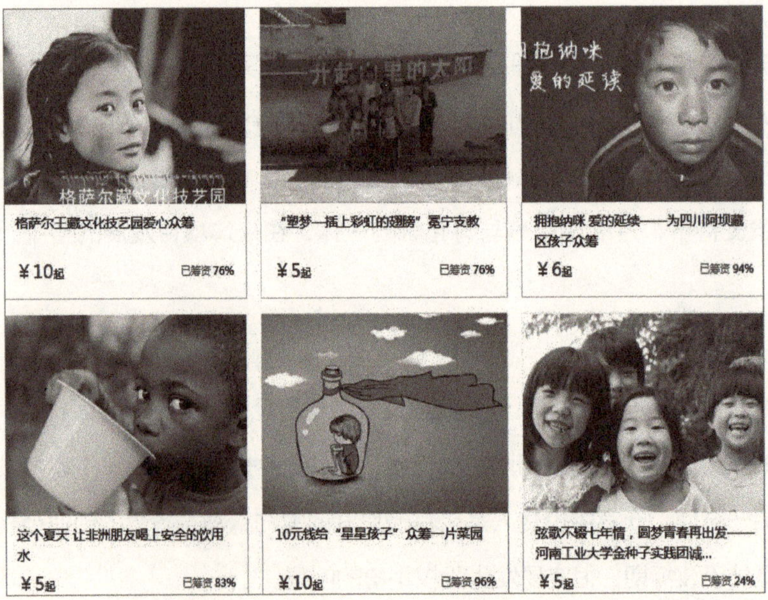

图 2–3　众筹网公益频道正在众筹的项目

为什么会有这么多人支持众筹网的公益项目？这是因为众筹网公益项目的透明性让投资人增强了信心。在众筹网里，涉及的公益项目都有特别详细的说明，捐赠金额有小至 1 元，多至上千元，对捐赠者的捐赠路径和回报都有清晰的呈现，如电子感谢信、孩子画作、颁发各种荣誉奖等。传统公益项目，捐赠者捐出款项后，如果没有经过特别渠道，是很难知道款项的来龙去脉的，公益项目的进度也很难得知。但是众筹网会定期给各位捐赠者报告公益项目的进展，甚至每一笔资金的用途都有很清晰的说明。

从众筹网的报告中，我们就可得知，众筹模式确实大大推动了中国公益事业的发展，其全程透明化也让许多捐赠人增强了信心，让他们更愿意为中国的公益事业多贡献一份心力。

了解公益才能玩转众筹网公益

要想做好公益众筹，就先要了解公益，什么样性质的公益项目适合做公益众筹，什么样的项目又不适合。像一些助学贫困儿童、希望图书馆建立、解决非洲儿童健康饮水、各类天灾捐赠等，像这样的传统公益项目就较为适合做公益众筹。有很多人自己随便写了一点东西，就觉得这个东西可以做募捐了，根本不是这样。很多人都不知道公益的性质如何，就匆匆忙忙地在众筹网上发起了公益项目，结果可想而知，就是失败。公益众筹一样需要有创意，也用样需要具备可持续性。例如 2014 年，众筹网公益频道上线的一个公益项目，西安人寇尧在云南云县茂兰中学支教，他发现当地的彝族音乐正在渐渐消失，便决定通过众筹来募集资金，把彝族音乐录制成唱片。项目一上线，市场反应非常好，2 万元很快就筹集到手。

众筹网公益不是公益事业的万金油

很多人把公益众筹当作公益事业的万金油，当然，以众筹网为代表的公益众筹当然有其优势，但是，有时优势也会产生变种。众筹网上的项目固然比一些小网站的可靠，但是平台维护成本过高。众筹网上的公益募额多在 5 元以内，无法支持大额项目，对中、大型公益组织没有吸引力。在传播上，还需要依靠发起人自身的影响力，传播压力较大。

如今，众筹网的公益频道可算是行业内的翘楚，许多发起人和投资者都会选择它。

众筹网的公益众筹项目得到了很多人的认可，许多公益项目的发起人都将众筹网公益频道作为自己众筹的第一选择，特别是与互联网一起成长起来的80、90后，他们在公益项目的发起人比例中占据了70%以上。而这一切都是众筹模式的透明化所带来的，而众筹网更是将这一点发挥到了极致。

2.1.3 乐童音乐：为音乐？为情怀？

在攻无不克的互联网面前，音乐市场一直萎靡不振，除了互联网免费模式的冲击，其中很大的原因是因为乐友们的口味不一，版权和分成收入更是让相关利益方纠结不已，利益相对分散，所以音乐行业完整的商业闭环与利益分配机制始终建立不起来。

因此，许多热爱音乐的创业者开始尝试用众筹来改造音乐，除了希望能帮助音乐人达成梦想，也希望能解决困扰已久的利益分配不均的问题。乐童音乐就是一家希望通过众筹模式解决音乐难题的专业音乐众筹网站之一。乐童音乐成立以来，为许许多多音乐人完成了梦想，无论是音乐硬件，还是产品、演唱会，在乐童音乐上都得到了满足，如图2-4所示。乐童音乐自2011年成立以来，吸引了800多个众筹项目的加入，演出更是多达2 000多场，成功率在45%左右。

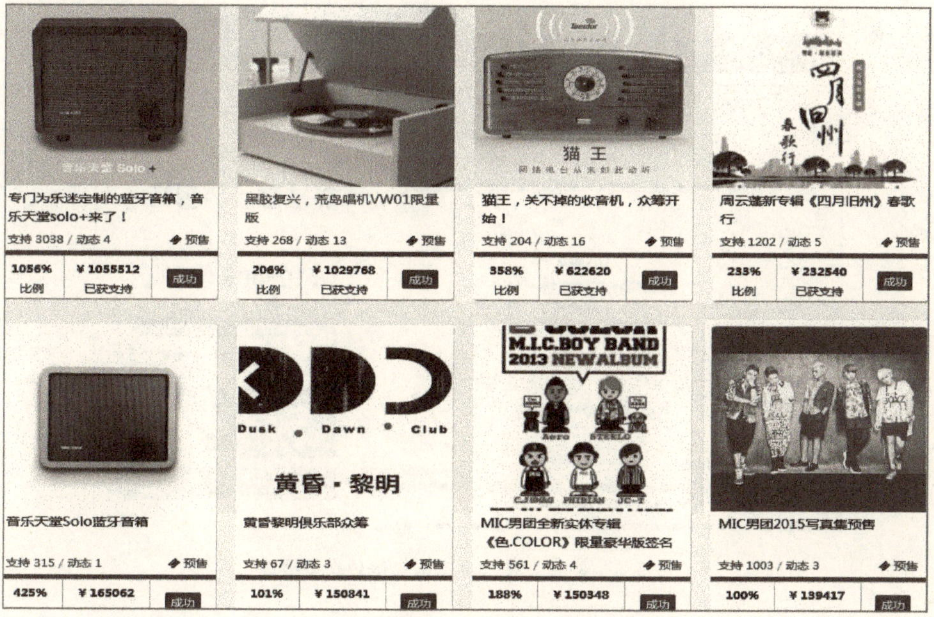

图 2-4　乐童音乐部分众筹项目

曾经凭借一首《大龄文艺女青年》之歌走红的独立音乐人邵夷贝就成功地在乐童音乐上为自己的新专辑募集到了发行资金，最初的她的目标只有 5 万元，没想到乐童音乐的众筹影响力远远超过了她的预料，在结束前融到了 108 406 元，完成率高达 217%。邵夷贝之所以会发起众筹，是因为她在专辑制作的前期已投入了大量成本的，导致后续的资金周转不足，然后她才想到用众筹的方式周转费用。邵夷贝的众筹项目卖点是“寻找 504 位实体唱片名誉出品人”。这个头衔，显然契合了文艺青年们的情怀，有 1 240 位喜爱小众音乐的文艺青年加入了此次的众筹项目中。支持者只要在线支付 130 元，就可获得一张《新专辑》的实体回报，如图 2-5 所示。

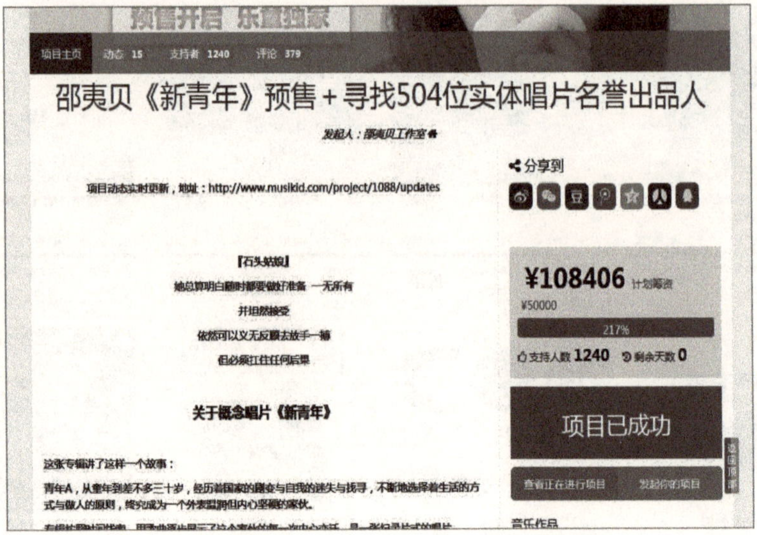

图 2-5 邵夷贝在乐童音乐发起的众筹项目

邵夷贝的成功只是乐童音乐上成百上千个音乐项目的一个缩影，但通过这个缩影，让人们看到了众筹带给音乐产业的一个小的变革。

全新模式填补链条空缺

在如今音乐市场不景气的情况下，很多有才华的歌手得不到公司的支持，无法完成自己的专辑梦，而众筹模式为他们填补了链条空白，帮助他们完成了梦想。在邵夷贝看来，众筹给音乐带来的最大好处，就是弥补了个人在发行和营销环节上的短板。因为在互联网音乐的冲击之下，已经很少有人会去买实体唱片，而众筹则帮助音乐人完全解决了这个问题。乐童音乐希望把音乐人和产业链条链接起来，打破传统经纪公司选择音乐人、主导音乐人、决定音乐人命运的模式，给音乐人更大的自由生存的空间。

除了音乐，它还有附加值

众筹音乐成功的案例不在少数，但也有不少失败的案例，那些成功的案例之所以能成功，是因为除了产品本身所带来的附加值。音乐类众筹成功的最主要因素就是这一份附加值。他可能卖的不是一张唱片、一台唱机，而是一种情怀。无论是对歌手本身的情怀也好，还是对以荒岛唱机为代表的价值情怀也好，支持者所支持的往往就是那一份支持。例如，莫西子诗成功地在乐童音乐上为自己的新专辑筹集到6万多元，这就是因为支持认可他在舞蹈上的那种号召力。

很多人批评音乐众筹其实就是一种营销手段，但无论存在着多少缺点，都无法否认它给音乐行业注入了一股新的活力，给了更多热爱音乐的音乐人一个希望。

2.1.4 点名时间：从进入众筹到去众筹化

点名时间在2014年之前一直是国内最早也是最大的众筹平台，于2011年成立，众筹项目也一直做得很不错，备受业内的瞩目。但在2014年4月，点名时间却给了大家一个大大的“惊喜”，一直以“众筹为傲”的点名时间居然对外宣布要放弃众筹，转向智能硬件领域，如图2-6所示。

图2-6 点名时间

点名时间一上线，各行各业的创业者都在此发起了项目，包括设计、科技、音乐、影视、动漫、出版、旅游等。2011年至2012年期间，文化和科技领域众筹项目成功的比较多，但是从2013年开始，智能硬件项目的比例就开始逐步加大，一个耀眼的“超级项目”让智能硬件成为了点名时间的主要众筹项目，这也是点名时间放弃众筹选择做智能硬件的原因。

点名时间从上线到现在，共接收到了13 000多个项目的申请要求，正式上线的众筹项目多达1 500个，成功率达到43%。在2014年转向专门为智能领域硬件服务之后，科技类项目的成功率就达到了80%，平均每获得4万元的众筹资金，其中一个甚至筹到了170万元。

从众筹网站变身为智能硬件的首发平台，点名时间能做些什么？首先是先让自己专注于智能硬件领域，把自己做精做专，二是只做首发，不做销售。就是帮创业团队做好产品的第一次公开亮相，与渠道资源实现对接。

避免把极客和大众消费者混为一谈

很多失败的众筹网站都呈现出这样一个问题，把两种类别的用户混在了一起，一种是极客，一种是大众消费者，这两种用户的需求是不同的，把他们混在一起，自然会把需求搞混，一旦不能准确抓住用户的需求，那平台就会失去吸引力。点名时间之所以退出众筹领域这就是其中一个原因。极客类型的用户需要的是参与感，他们希望能参与到产品面世前的整个开发过程，产品有弊端极客可以帮你找出来，把不成熟的产品慢慢打磨到成熟。而对于大众消费者来说，如果产品不成熟，存在瑕疵，他们不但不愿意帮你测试，而且还会直接选择放弃使用产品，去选择另一种质量更好的产品。这两种类型用户的习惯和喜好是完全不一样的。就目前的众筹体系来说，是无法兼顾到这两种用户的需求的。因此只能选择一种用户进行针对性服务，或是把两种人群分出来。

众筹模式保护机制失衡

众筹模式对项目团队宽容，但是却无法保护投资者，特别是一些产品众筹。因为项目团队可以让发货时间无限延期，产品质量也可以不如预期，甚至做出来的东西和当初所说的有很大区别，也能得到宽容。因为众筹鼓励创新，有创新就有失败，但这对于投资人却是非常不公平的。所以众筹从机制上来讲就有严重的缺陷，它会伤害用户。而这一点也是点名时间存在的弊端，所以才导致了用户的流失。

因此，各个众筹网站应以此为诫，要保证每个众筹项目不会让用户受到伤害，否则也要走上点名时间的“去众筹化之路”了。

2.1.5 天使汇：互联网行业的精英聚集地

天使汇是国内众筹融资平台的领军代表，2011 年 11 月 11 日，天使汇经过了 2 个月的内部测试正式上线，截至 2015 年 6 月 3 日，帮助 310 个项目完成了 30 亿元的融资，总共发起项目 37 098 个，拥有 2 390 位认证投资人（见图 2-7）。这个数字未来会越来越大。

图 2-7 天使汇的成绩

天使汇是一个对接投资人和创业者的网络平台，在天使汇上人人都可获得创业资金，项目成功后投资人就可获得相应的回报。在它的网站上我们可以看到，许多有潜力的新兴产品被一一罗列，投资人可以选择对感兴趣的项目进行投资。天使汇可以算是互联网行业的精英聚集地，其多数项目都是互联网产品，包括在线购物、移动交友、移动医疗、求职网站等，如图 2-8 所示。

天使汇发展至今为不少企业成功融资，其中较有代表性的就是：滴滴打车成功融资 15 000 000 元；黄太吉传统美食连锁成功融资 3 000 000 元；Lava Radio 成功融资 2 500 000 元；萌宠 360 成功融资 3 000 000 元。从这些案例中，我们可以看出，多数都是互联网产品。

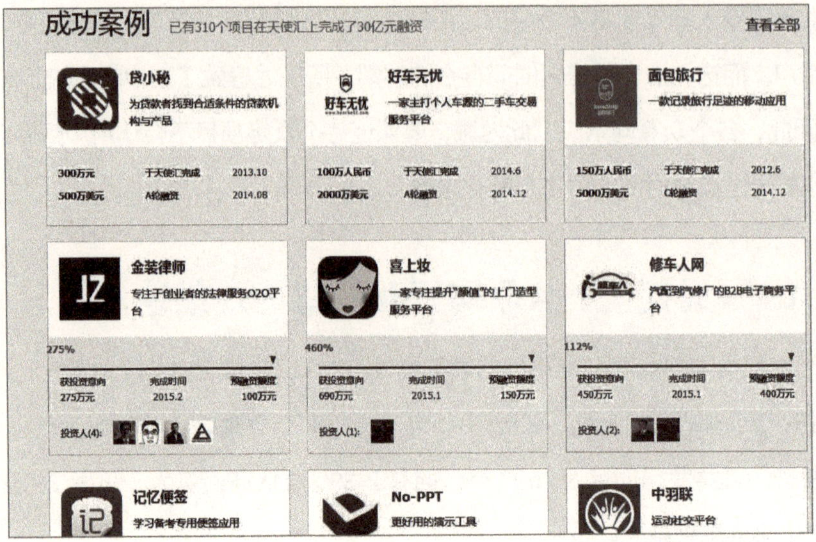

图 2-8 天使汇部分成功案例

天使汇的优势

天使汇的优势有 4 个方面。第一，融资前指导。天使汇拥有专业的分析师团队，会给创业者提出最专业的建议，帮助其发现优势、表现优势，同时还会向创业团队提供商业计划书的撰写、估值模型、财务预测、投资协议、融资谈判等各个方面的指导。只要是众筹项目所需要的，天使汇都能竭尽所能地为创业者提供帮助。第二，实现融资。天使汇会对入驻平台的国内外投资机构和投资人进行严格考察，以确保平台和项目的稳定性和安全性。天使汇利用大数据对投资人进行分析，了解每一个人的需求，然后把最合适的项目推荐给最合适的投资人。此外，天使汇还会定期举办"Starup Engine"创投沙龙以及推荐项目参加的各种线下活动。通过各种手段，促成创业者和投资人的双方接触，并给予协助，以实现最快融资。第三，宣传推广。通过天使汇审核的众筹项目，就可得到 Tech2IPO 专项报道的机会，让更多的人熟知，并为国际媒体所关注。第四，后续融资。天使汇还会为初创业者提供持续的融资支持，包括 A 轮和后续融资。

天使汇的风险

天使汇属于股权众筹平台，一直以来股权众筹比其他类型的风险承担的都大，天使汇也不可避免。第一，股权众筹降低门槛之后加大了投资风险。项目在早期一般都有较大的生存压力，充满着各种不确定性。股权众筹是通过领投人来参与管理，而大部分的资金都是由其他来自各行各业的人所筹起，众筹门槛降低之后，投资人的人数将会大大增加，还可能造成“三个和尚没水吃”的局面。因为人数的增加，领投人无法管理，沟通效率降低，观点协调成本将变高。如今天使汇就正在面临这个难题。第二，天使汇可能变成低附加值资本汇聚之地。原本的天使投资因为地域的限制，因此只投能接触到的企业，较远的项目无论多有价值，一般都不会参与投资，因为参与的成本太高，承担的风险也更大。天使汇通过互联网的触角把千里之外的钱都聚集到了一起，这在很大程度上就是一个伪命题。投资市场缺的不是钱而是好项目，好的项目是不会缺少资金的追捧，因此天使汇的项目更可能就变成了“筹钱”“碎募”“团购”的平台。

无论如何，天使汇股权众筹平台为创业者打开了一个创业大门，也因此得到了许多人的支持。如果能扩大优势，降低或是避开风险，未来肯定能为更多的创业者提供成功的机会。

2.2 国内外众筹的差异

国外的众筹比国内的众筹早发展了好几年，中国的众筹模式也是由国外引进的。但众筹漂洋过海进入中国后，为了适应中国的环境，发生了许多改变。因此，即使中国众筹源于国外，现如今也有了巨大的差异，如图 2-9 所示。

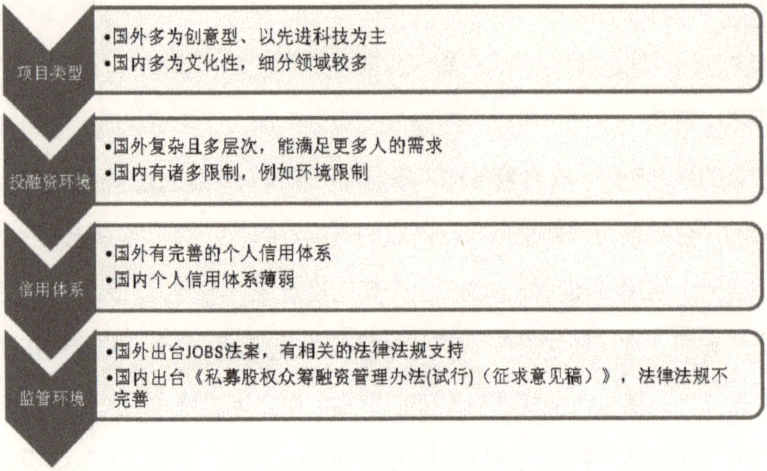

图 2-9　国内外众筹差异示意图

2.2.1　项目类型有差异

国内外众筹的差异首先就体现在项目类型上。国外的众筹项目主要为创意项目，以先进科技为主导。这些项目一方面能满足“发烧友”的需求，另一方面进行有针对性地为创业者寻求资金、推广产品。全球最大的众筹网站 Kickstarter 就是依靠创意项目起家的，在众多项目中，让其一夜成名的是一个名为 Pepple 腕表的项目，筹资金额高达 1 000 多万美元。

而纵观国内的各个众筹网站上的项目，文化创意仍然是众筹项目最为主要的活跃领域，而且在文化、科技等垂直领域中已经出现了细分现象。众筹模式可分为捐赠、奖励、股权、债权式众筹 4 大类，文化类众筹项目多数是奖励众筹模式。不过文化众筹在中国要彻底成熟起来，还需要经过相当长一段时间的沉淀和摸索。

2.2.2　投融资环境不同

相比于美国复杂且多层次的融资市场，中国的融资环境并不能为众筹模式提供多样的帮助，反而还会有诸多的限制，尤其是针对中小微企业，资金往往是决定成败的最关键因素。

不过，目前中国的融资环境正在慢慢地发生改变，变得越来越适合众筹的发展，因此，导致了互联网金融众筹的蓬勃兴起，而且使众筹因为附加了精神层面的反馈而变得更加有吸引力。

与传统的融资方式相比，众筹更为开放，资金也不再是项目商业价值体现的唯一标准。只要用户喜欢，任何人都可通过众筹获得项目启动的第一笔资金。同时因为众筹资金小的特点，让更多小本创业者提供了无限的可能。众筹模式在价值认知的感召下打破了以往不明朗的中国融资环境，为更多有创意、有市场、有能力的企业和个人的发展提供了有力的支持。

就如国内知名的众筹网站，自 2011 年成立到现在，已帮助无数人获得了他们所需要的资金以及支持，无数的投资人也因此获得了相应的回报。

2.2.3 信用体系迥异

银行体系外借贷市场为什么一直发展不起来，根本的原因就是因为中国信用体系的薄弱，尤其是对于互联网金融，信用缺失是其发展的最大障碍。

反观国外的一些国家，他们的众筹为什么能发展得如此之好？首先他们拥有完善的信用建设的法律法规；其次，拥有成熟的市场化信用机构；再次，清晰的信息公开管理。如果中国也像国外的那些国家一样，每一位都把信用记录当作生存必需品一样的重视，那自然也能做到信用体系的相对完整。正是因为中国信用体系的不够完整，才导致中国众筹发展的滞后，只要信用体系完整了自然能对众筹起到很好的支撑作用。

近几年，央行在对征信管理以及社会信用体系不断完善和建设，中国的信用环境已有了很大的改变，可以肯定，众筹模式在中国会有更大的发展空间。

因此，在中国那么多的网站中，一些拥有牌照的互联网金融公司在业务发展上就显得更有优势，比如众筹网站。

2.2.4 监管环境不同

众筹在中国才刚刚起步，因此国家还没有出台专门的法律对众筹行业进行规范，包括众筹网站的批准设立、业务经营范围的许可、资金风险控制的明确规定等有关众筹方面的法律法规都处在空白区域。

在这一方面，美国早就做出了明确的监管。2012 年 4 月 5 日，美国总统奥巴马签署了《创业企业融资法案》，简称 JOBS 法案。这个法案增加了对于众筹的豁免条款，让中小微企业以及创业公司可以通过众筹的方式向大众进行股权融资。该法案的内容包括众筹平台不得从事的活动、对信息披露的要求、对发行者的限制、发行者应负的法律责任等，同时也对投资人做了限制，以防众筹被人滥用而损害公众投资人的利益。

2013 年，美国 SEC 签署的 JOBS 法案的 Title II 条例正式生效，更是对美国创业早期融资产业具有划时代的意义。

国内监管层对互联网金融的发展持肯定态度，央行相关负责人也表态称，众筹虽然刚刚起步，但是是可以继续开展探索的，只是具体的监管细则虽然已出现但还未完善。中国证券业协会在 2014 年 12 月 18 日发布了《私募股权众筹融资管理办法（试行）（征求意见稿）》，明确了若干行业的细则，这个管理办法的出台让股权众筹有章可循，规范了市场，推动了股权众筹的进一步发展。股权众筹意见稿的发布有两个方面的意义，一是监管层认可了互联网金融能弥补传统金融机构支持实体经济发展不足的缺点，也就是说承认了互联网众筹的合法地位；另一方面也表明了监管层保护投资利益的决心，之前经常出现的涉及诈骗、非法资金池、吸收公众存款等法律边缘问题得到了有效改善。

2.3 中国式众筹：挑战与机遇并存

众筹进入中国还不到4年的时间，还很不成熟，而且还存在着许多弊端。因此，还有待改进。众筹在中国还有很长的路要走，这一路上是好是坏都需要自己去判断和选择，可以这么说，中国式众筹的未来挑战和机遇并存。

2.3.1 中国众筹未来要面对的挑战

相对于国外市场的发展，中国众筹的发展程度还处于初期阶段，国内各个网站都在摸索尝试，未来还有较大的发展空间。目前国内众筹网站如雨后春笋般，发展情况参差不齐，市场竞争异常激烈。因此有不少网站铩羽而归，就如点名时间。

国内目前的众筹模式是以奖励式众筹为主，其次为股权众筹。不过目前市场已呈现出网站同质化程度高、融资规模不大、法律风险等问题。因此，中国众筹未来要面对的挑战可不小。主要有7个方面。

第一，市场的敏锐度和多种行业的经验要求

多数的众筹网站都处于市场不成熟、支持方的辨识能力不足的阶段，如果想要发展好就必须加强自己对不同领域项目的筛选，市场敏感度的测试能力。比如如果要展开科技众筹，就要具备能迅速捕捉新发明的能力；如果是娱乐众筹，就要懂得利用文艺界资源推动项目；如果是金融众筹，就需要对金融产品的运作知识以及对法律法规的充分把握等。各个众筹网站既要保证平台项目的吸引力，也要使项目本身具备众筹价值和一定的市场认可度。

第二，对项目方的风险控制

各个众筹网站要不断对平台系统进行优化，要严格审核项目发起人，百分之百保证发起人信息的真实性。同时，对项目执行的管理也是各个众筹网站需要面临的挑战，项目发起方如何保质保量按时地完成支持方的权益是一个需要不断完善和摸索的过程。

第三，承当更大的行业推动责任

国内的各个众筹网站就像初生的孩子，还很稚嫩，需要小心翼翼地呵护才能健康成长，除了需要保护行业的发展，鼓励多样化的众筹项目产生，还需要各个众筹平台方不断地培育市场，让更多的人认识和接受众筹。

第四，避免众筹沦落为团购、预售平台

现在的众筹已经渐渐有沦落为团购、预售平台的趋势，如果是这样，那么众筹在中国就很难得到有大的发展。淘宝、京东等多家电商平台都纷纷加入了众筹大军中，做起了产品众筹，其中，产品众筹被这些电商巨头做成了团购、预购的模式。投资人可选择自己喜欢的产品投入资金，等产品上线之后，投资者便能成为第一批使用者。例如用一本书作为版权众筹的回报，用一件衣服作为设计的回报，用一张电影票作为众筹影片的回报。这种借用大平台来做的产品众筹，更像是团购、预购披上了众筹的华丽外衣，准备卷土重来。这种模式存在着巨大的风险，因此如何避免把众筹变成团购是如今也是未来的各大众筹网站面临的挑战。

第五，缺乏有效的监管机制

虽然针对众筹已经推出了一系列监管法案，但还不完善。监管的不明确导致了众筹方项目的鱼龙混杂，优质项目稀缺；另一方面，市场风险大，削弱了投资人的投资热情。

第六，退出机制不完善

大多数的众筹项目回报期都很长，而且没有公开的交易市场，流动性非常低，大多数平台都没有设定一个明确的退出机制。因此，投资人很容易被套牢，这一点

也是众筹项目现在也是未来需要不断改善的一个缺点。

第七，公众认知度低，投资体验不够

由于众筹有不得承诺现金回报这一“红线”设定，投资人信用危机不能得到有效弥补，导致了对众筹项目安全性的信心不足，同时也确实出现了不少滥用资金的事件，两者结合之下，直接导致了大众对众筹行业的认知度偏低，抑制了行业发展。

虽然中国式众筹在未来要面临重重挑战，但是作为互联网金融的新模式，国内众筹的经济环境、法律法规的进一步完善，社会对创新的包容性的提高，都为中国式众筹的发展提供了强大的支持力。

2.3.2 中国众筹未来的发展机遇

中国众筹最大的价值在于它就像一个放大镜和聚光灯，为创业者带来的不只是VC，还有把产品从小众推向大众市场所需的资源，那些在传统渠道得不到帮助的项目，在众筹平台上却能大放异彩，如一些小型的电影众筹。可以说这就是众筹能发展的根本所在，众筹在中国还有很长的路要走，未来的发展机遇不少。主要表现在6个方面。

第一，平台更加专业化

在国内，专业的、按产业与项目分类的众筹平等正随着市场分工而渐渐显现出来，一方面，拥有与众不同的服务以吸引用户是众筹平台选择特定方向的考虑因素之一，另一方面，专业化的众筹平台可以给特定投资人一个持久性投资的渠道。因为众筹者的投资方向并不是由众筹的宣传营销功能所决定的，而是由该平台是否符合其关注方向而决定。

专业的、按产业和项目分类后的平台会更加符合社会的需求，比如专门关注电子游戏、音乐、艺术、房地产、餐饮、新闻、慈善等不同垂直细分的专业众筹网站。平台专业化就能形成差异化的服务，而差异化才是各大众筹平台竞争的核心。因此，对国内的众筹网站和平台来说，想要使自己有竞争力并能持续发展，就要让自己的平台更加专业化。

第二，越来越多的大型企业加入众筹领域

现在许多跨国公司、企业巨头也开始把目标投向了众筹，它们的加入不仅能为众筹领域吸引更多资金，还能将原本由公司内部做的决定改成由大众决定。此前，股权众筹的前景一直不被业内看好，企业都只将众筹平台作为宣传手段或者市场需要的检验，还没有将众筹作为企业的主要融资渠道。但2015年，国家政策的改变为股权众筹带来的希望，相信未来会有更好更多的大型企业加入。例如阿里巴巴。

第三，中国众筹更加国家化

中国众筹未来会更加国际化。目前，国内多数的众筹公司都缺乏资金，因此可以收购的资产很少，而且对于各众筹平台缺少标准化的估值方法，所以在未来几年内，中国各大众筹网站将会通过国际化来发展壮大自身，而不是通过传统的并购模式。虽然目前市场上还存在着一些收购交易，但是大部分都由专业的机构负责，然后投入更多资金以吸引流量。之所以如此，是因为众筹融资存在的一个难以解决的问题——促使流量流向自己网站的成本如同无底洞，普通的众筹网站根本承受不起。因此，在未来几年，也许会看到中国众筹市场会掀起一轮淘金热：在全球扩张的公司将会迅速抢占市场份额，以创新作为明显优势实现内生性增长。

第四，具有庞大的资金需求和供给市场

纵观中国融资行业的供需情况，众筹的发展前景无疑是巨大的。庞大的资金缺口急待填补，与此同时，有大量的投资人找不到优质的项目进行投资。这一方面是众筹发展的一个瓶颈，但也是掩盖在信用制约下的市场机遇。

第五，监管政策越来越完善具体

《私募股权众筹融资管理办法（试行）（征求意见稿）》一旦正式通过，以及未来更加完善的行业监管细则一旦出台，将有效解决当前众筹行业混乱的局面，引导其朝着规范化方向良性发展。这对尚属于萌芽状态的中国众筹，是难得的机遇。

第六，个人征信市场化闸门开启

2015 年 1 月 5 日，央行正式发布《关于做好个人征信业务准备工作的通知》，要求包括蚂蚁金服旗下的芝麻信用在内的 8 家机构在 6 个月内做好相关的准备工作，这个通知意味着个人征信市场化的闸门正式开启。更加大众化的征信报告相比于以往更能综合体现出个人的诚信状况，能有效地提高互联网金融市场的信息披露透明度，帮助众筹行业建立更加可靠的众筹平台，帮助投资人筛选出更加优质的众筹项目。

中国众筹的未来之路挑战和机遇并存，闯过挑战、把握住机遇，相信众筹在中国一定有个光明的未来。

第三章

模式：众筹模式，总有一种适合你

众筹，主要认为有4种模式，分别是股权式众筹、奖励式众筹、债权式众筹、捐赠式众筹。每一种模式的运营方式、针对的项目、目标人群都不一样。因此，创业者要把握好这4大模式的特点，从中选择出自己需要的、适合自己的。

3.1 股权式众筹

股权式众筹已成为互联网金融的一个风口，实际上，在如今“大众创业、万众创新”的轰轰烈烈的融资大潮中，股权式众筹已成为构建多层次资本市场的重要补充，是金融创新的最重要渠道之一。

3.1.1 什么是股权式众筹

股权式众筹是指，企业面向投资者出让一定的股份，投资者缴纳相应的资金入股企业，成为该企业股东之一，获得未来收益。这种基于互联网渠道而进行融资的模式被称作股权式众筹（以下简称股权众筹）。股权众筹还有另外一种解释，就是“私募股权互联网化”。

3.1.2 领投跟投模式

Angelist 是领投 + 跟投模式的创造者，它把这种创新的股权众筹模式称为辛迪加，也称联合投资模式。在 Angelist 的领投模式中，投资者可以跟着某个知名的投资人一起投资，普通大众作为跟投人，与之组成联合投资体，共同向领投人挖掘出来的投资项目进行投资。领投人负责找项目，获得投资后进行管理，并在跟投人的投资收益中获取一部分提成，作为回报。

Anglist 平台上的跟投人并不直接投资和持有该众筹公司的股权，平台会为每个投资项目专门建立一个联合投资的持股平台公司，领投人和跟投人的投资资金都注入这个持股平台，再由持股平台向该众筹公司投资。持股平台会按照领投人的指示向众筹公司投资并在股东会上行使表决权，或是买入和卖出该众筹公司股份。

Anglist 众筹模式的核心并不是众筹公司直接向众筹投资人融资，而是领投人为自己看好的项目向跟投人募集资金，其核心主体是领投人，而是不是该众筹公司。如图 3-1 所示。

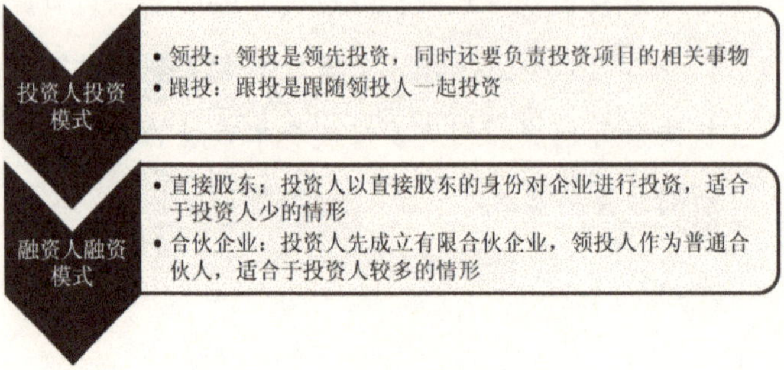

图 3-1　股权众筹投融资方式

案例分享

京东众筹从一上线起，打的就是“领投+跟投”的股权众筹招牌。现在就来看看京东众筹是如何做“领投+跟投”的吧！如图 3-2 所示。

图 3-2　众筹“最强领投人”

京东股权众筹正式上线的当天早上，雷神笔记本这个众筹项目就已经筹足了资金，也就是说才半天的时间，京东股权众筹就完成了一个项目。一周内，参加京东股权众筹的首批 11 个项目中，就有 6 个超额募资，参加的人数超过了 2.3 万。京东把此股权众筹平台描述为草根逆袭的好机会，刘强东也表示想用这个业务来成就草根。

首批项目中的“十方旅游”，在京东众筹上计划募集的资金额上限为 300 万元，戈壁资本投资机构作为领投人投资 150 万元，其余 150 万元则面向跟投人筹集，最低每人 5 万元，项目获得收益后，每个跟投者要让出 20% 的利润给戈壁投资。不同于其他的领投者，戈壁投资用了 1 个 4 人的团队，对“十方旅游”项目进行了考察，确定这个项目确实是一个有发展的项目，这也是它领投 150 万元资金的原因。

京东股权众筹的规则是，一个项目筹资成功，京东获得 3%~5% 的抽成，但京东不拿现金，而是将其换作项目的股权。这也就是说，京东能成为旗下成功项目的股东之一，发起人也能通过这种以股权代抽成的方式进行免费的众筹。

领投加跟投联合投资模式的优势

对于跟投来说，在每个投资项目中只需要一小笔资金，就可以借助联合投资体，利用领投人的在挑选项目和投资后管理上的丰富经验降低自己的风险，这比自己盲目投资好了太多。对于领投人来说，通过这种方式可以撬动更多的资金，减少自己的投资成本，还能获得额外分红。一般情况下，领投人在一个项目中，可撬动的资金是自己投入资金的 5~10 倍。这让领投人得以领投更多的项目，规避“把鸡蛋都放在一个篮子中”的风险，而且通过这种联合投资模式，领投人还可以借机融入跟投人的社会关系，为自己获得更多的社会资源和附加价值。对于企业来说，它不需要一一面对每个跟投人，也不会陷入投资人众多的纠缠和麻烦中去，它只需要面对一个领投人，就可获得超出领投人投入资金额 5~10 倍的投资额，还得获得跟投人在社会关系上对企业的帮助。

信息披露

领投人可以自行决定创业企业信息的披露范围，哪些信息披露给跟投人，哪些信息披露给众筹平台，哪些信息披露给公众，都可自行做主，无须经过创业企业的同意。不过领投人在披露信息时要考虑到，信息披露的程度是否足以吸引跟投人参与投资。

跟投人基本不会掌握投资项目的全部详细信息，跟投人通常可以从股权众筹平台和领投人处了解到以下信息：①持股平台的设立文件。②如果企业同意，还可了解到投资协议的通用条款以及持股平台与企业签订的交易文件范本。③创业企业向跟投人透露相关信息的详细程度，与传统 VC 的程度差不多。④跟投人涉及的税费情况。

领投人、跟投人的权利和责任

如果要成为领投人，可在相关平台上创建一个联合投资体，然后公布自己的一些信息，如准备投资多少个项目、投资的规模等。领投人还需要为每一个投资项目做书面的投资分析，要写明与投资项目之前是否存在利益冲突，还要考察每笔投资里跟投人的情况。领投人有权决定自己的跟投人，领投人可以是个人也可以是 VC。

跟投人有权决定是否退出这个项目的投资，领投人也会向跟投人解释每笔投资的合理性，并说明潜在的利益冲突，然后由跟投人最终决定是否跟投。跟投人可以在任何时候退出领投人的联合投资体。

3.1.3 股权式众筹与天使、VC 的区别

传统的融资渠道天使、VC 看起来和股权众筹没有什么区别，他们都是创业者融资的主要来源。但是他们三者之间的不同点，也是非常明显的。

案例分享

VC 投资：Star VC，是由影视明星李冰冰、黄晓明、任泉三人组建的融资机构，他们的投资目标是寻找中国具有创新力的公司，不仅是做企业股东，也为用户的体验负责。韩都衣舍就是 Star VC 投资的对象之一。Star VC 之所以选择投资韩都衣舍，是因为其处于成长阶段，而且发展相当不错，是个非常有潜力的公司，未来的发展不容小觑。Star VC 投资后，会对韩都衣舍进行控制，并在董事会上拥有一票否决权利。除此之外，也会给韩都衣舍带来新的管理、营销团队。而且 Star VC 由一线明星组成，本身就具有强大的号召能力，这无疑是给韩都衣舍带来了免费的营销。韩都衣舍得到 Star VC 的支持后，品牌影响力提升了不少，如图 3-3 所示。

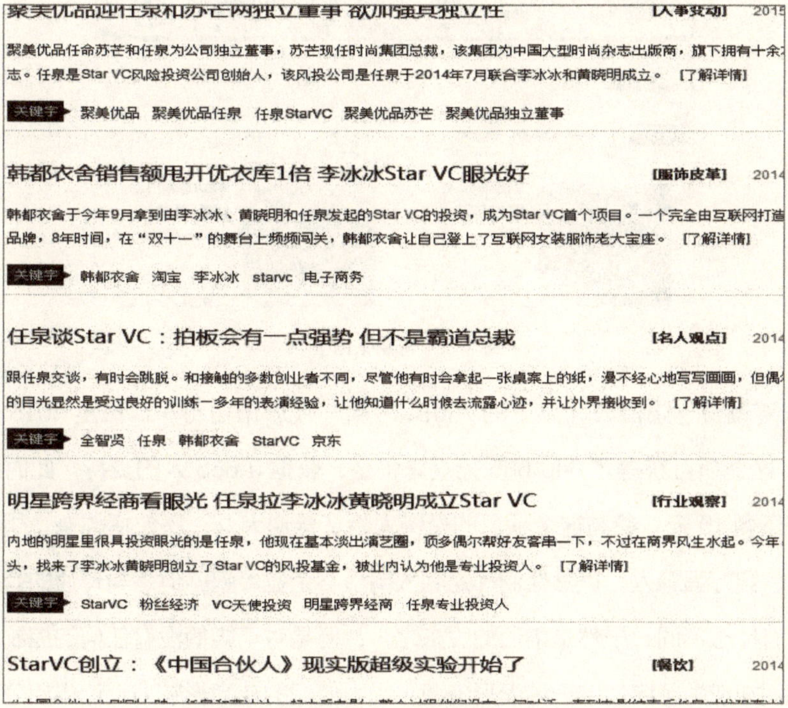

聚美优品迎任泉和苏芒两独立董事 欲加强其独立性 [人事变动] 2015

聚美优品任命苏芒和任泉为公司独立董事，苏芒现任时尚集团总裁，该集团为中国大型时尚杂志出版商，旗下拥有十余本杂志。任泉是Star VC风险投资公司创始人，该风投公司是任泉于2014年7月联合李冰冰和黄晓明成立。 [了解详情]

关键字 聚美优品 聚美优品任泉 任泉StarVC 聚美优品苏芒 聚美优品独立董事

韩都衣舍销售额甩开优衣库1倍 李冰冰Star VC眼光好 [服饰皮革] 2014

韩都衣舍于今年9月拿到由李冰冰、黄晓明和任泉发起的Star VC的投资，成为Star VC首个项目。一个完全由互联网打造品牌，8年时间，在“双十一”的舞台上频频闯关，韩都衣舍让自己登上了互联网女装服饰老大宝座。 [了解详情]

关键字 韩都衣舍 淘宝 李冰冰 starvc 电子商务

任泉谈Star VC：拍板会有一点强势 但不是霸道总裁 [名人观点] 2014

跟任泉交谈，有时会跳脱。和接触的多数创业者不同，尽管他有时会拿起一张桌案上的纸，漫不经心地写写画画，但偶尔的目光显然是受过良好的训练一多年的表演经验，让他知道什么时候去流露心迹，并让外界接收到。 [了解详情]

关键字 全智贤 任泉 韩都衣舍 StarVC 京东

明星跨界经商看眼光 任泉拉李冰冰黄晓明成立Star VC [行业观察] 2014

内地的明星里很具投资眼光的是任泉，他现在基本淡出演艺圈，顶多偶尔帮好友客串一下，不过在商界风生水起。今年头，找来了李冰冰黄晓明创立了Star VC的风投基金，被业内认为他是专业投资人。 [了解详情]

关键字 StarVC 粉丝经济 VC天使投资 明星跨界经商 任泉专业投资人

StarVC创立：《中国合伙人》现实版超级实验开始了 [餐饮] 2014

图 3-3 网络上关于 Star VC 的报道

天使投资：2014 年 8 月，梅花天使投资创始人吴世春与九合创投创始合伙人王啸联合为一家开业仅半年的菜公司“青年菜君”A 轮投资 1 000 万元。青年菜君是一家线上线下的卖菜公司，顾客只要登录网站或是微信公众号就可下订单，第二天到门店提货，这些菜品都是半成品，全都洗好、切好、搭配好，顾客只要拿回家炒一炒，煮一煮，在半小时内就能吃上可口的晚餐。青年菜君刚刚起步就获得了千万元投资，未来的发展因为充裕的资金变得更加顺利。吴世春和王啸入股青年菜君后，并不参与企业的任何事情，而全都由创始人自行决定，如图 3-4 所示。

图 3-4　青年菜君官网

众筹融资：柒佰公司旗下的 700Bike 新一代城市自行车。截至 2015 年 6 月 16 日，这个项目获得了 646 585 元众筹资金，获得 9 655 人的支持，此时距离项目结束还剩 15 天。参与这个项目的投资人除了普通大众，还包括韩寒、胡海泉、徐小平、黎万强等人。虽然他们都是名人明星、企业大腕，但是与普通的众筹投资人并没有什么不同，虽然是柒佰的股东之一，但是对于柒佰没有任何的控制权利。不过他们却成为了柒佰的一种无形资源，因为他们的社会影响力，让柒佰公司获得了一个免费的、有巨大影响力的营销机会，如图 3-5 所示。

图 3-5　淘宝众筹“盲订新一代城市自行车”

行业偏好的区别

天使和 VC 更喜欢科技行业，特别是互联网、TMT、新能源、新兴电商等行业；众筹所包含的行业则更加广泛，不单是新兴的科技行业、互联网行业，还包括许多传统行业，如加盟连锁店、实体店铺等。

投资阶段上的区别

天使投资往往是发生在创业企业或是项目的早期阶段，VC 则是在成长阶段，众筹则与天使相同，都是发生在早期。这是因为防止创业企业在发展的过程中引进了其他投资，因为股权结构和公司治理结构的限制，一般很难再通过众筹进行融资。

对企业控制程度的区别

天使投资几乎不插手投资企业的管理，最多只参加一年一度的股东大会，VC 对企业的控制比较大，一般都拥有在董事会中对重大事项的一票否决权，而通过众筹而来的股东，对企业的控制权几乎没有任何影响，参与众筹的投资人股东并不实际参与被投企业或是项目的实际管理，比起其他融资，众筹融资可让创始人对企业享有更大的自主权。

带给企业附加值的区别

天使投资带给企业的除了资本，基本上没有任何的附加值；VC 带给企业的附加值最大，除了资金，还会给企业提供战略、营销、团队等一系列融资企业缺少的增值服务；众筹融资方式下，企业则是在获得资金的同时，也获得了一大笔支持者，他们是企业产品的顾客，也可能提供更多的资源为企业所用。

天使、VC 和众筹融资虽然都是融资，但是其中的差别很大，众筹融资的优势是前两者很难企及的，因此它才会这么受中小微企业或个人创业者的欢迎。

3.1.4 股权式众筹项目的运行模式

股权众筹与产品众筹的运作流程有很大的不同，一般运作的流程是这样的：第一步，项目发起人向众筹平台提交项目策划或是商业计划书，并设定拟筹资金额、可让渡的股权比例，以及项目的发起和截止日期。第二步，平台对发起人提交的项目策划或商业计划书进行审核，审核项目是否具有真实性、完整性、可执行性以及是否具有投资价值。第三步，审核通过后，在网络上发布相应的项目信息与融资信息。第四步，对创业企业或项目感兴趣的个人和团队，可以在目标期限内承诺或实际交付一定数量的资金。第五步，在期限内达到筹款目标的，出资人与筹资人签订相关协议；没有达到目标的，则将资金退回各投资人。国内大部分的股权众筹平台都是按照图 3-6 的模式来运行。

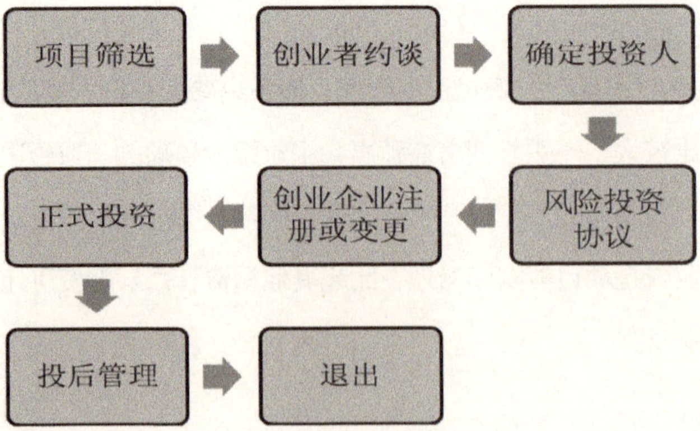

图 3-6 股权众筹运行模式

案例分享

掌上育儿于2015年3月25日在众筹网上发起股权众筹，截至2015年6月17日已成功众筹395万元，超出目标额近100万元，获得了88人的支持，如图3-7所示。

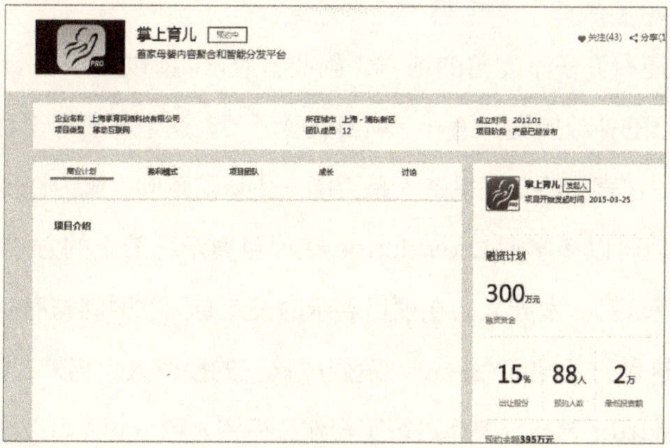

图3-7　众筹网“掌上育儿”

掌上育儿在众筹网上的发起项目，就是按照流程走的。先是向平台提交商业计划书，设定筹集资金300万元，让出15%的股权，众筹网确定了其项目的真实性、完整性、可执行性以及具备投资价值后，就在网络上发起了相关信息。例如产品介绍、市场分析、发展趋势等。

掌上育儿的领投人，众筹网上的昵称是“原始云Walrus”，是一名非常专业的众筹投资人，有着独到敏锐的投资眼光，所以很多投资人都非常相信他。掌上育儿这个项目之所以能获得88位投资人的支持，也是因为相信这位领投人的眼光。

股权众筹运行中需要注意的两大事项

纵观现在的股权众筹平台市场，可以证明这种模式是较为适合的，不过仍有两大事项需要注意：一是，由谁负责对项目的调查，具体在哪个环节实施。一般而言，是领投人负责对项目进行调查和估值，跟投人跟随着领投人进行投资；二是，签订风险投资协议的人是谁，是领投人还是成立后的有限合伙企业？大部分的情况下是由领投人，如果是由成立后的有限合伙企业来签，会降低效率。

股权众筹投资流程中需完善的几个地方

股权众筹还有许多不完善的地方，创业者应该明确把握，并针对这些不完善的地方做出自己的补救措施。第一，项目展示环节。这个环节不管对项目方还是平台方都很重要，它直接决定了投资人是否能产生认购意向，国内许多众筹平台都忽略了这一环节。可以多学习 Crowdcube 在项目展示环节上的方式。Crowdcube 专门设置了问答环节，发起人会在项目展示时设定专门的时间与潜在投资人进行在线问题，通过这种方式把潜在投资人发展成真正的投资人。另外，Crowdcube 与 Facebook、Twitter 等社交媒体进行了合作，投资人和发起人可以在此进行交流，发起人也可通过社交媒体平台建立自己的社交圈。第二，融后管理环节。国内大多数的众筹平台都是采用“大家投”的运行模式，在线下成立有限合伙企业，再由领投人担任普通合伙人负责融后的管理工作。这种模式的缺点虽然能减少风险，但是缺点也很明显。因为到了后期，领投人投资的项目过多，很难顾及每家企业。对此可以考虑让众筹平台进行代管或是由专业的第三方股权托管，因为众筹平台可以建立专门的融后管理团队，赚取部分收益，由第三方股权托管公司代为管理相关事务，也能更好地保障投资人的利益。第三，投资者风险提示。任何投资都是有风险的，股权众筹也不例外。国内大多数的众筹平台对于股权众筹的风险提示都做得不到位，主要的原因是国内法律、法规的缺失。不过，现在已渐渐加强。但在法律法规完善之前，众筹平台要在投资人投资前就做出风险提示，包括损失投资额提示、流动性风险提示、低概率分红提示、股权稀释风险提示等等。第四，中途退出机制。股权的流动性对投资人非常重要，在后期可以通过并购或是 IPO 退出，但中途退出确是个很大的问题，特别是在 1~3 年，投资人很难退出。因为有限合伙企业间接持有该众筹企业的股权，投资者中途退出就变成了有限合伙份额的转让。因此如果想要中途退出，就要解决企业估值问题以及具体的受让确定的问题。

股权众筹是所有众筹模式中最难把握的，其运行模式也不相同。因此，创业者在做股权众筹项目时要充分地准备。

3.1.5 股权式众筹的 5 个“坑”

股权众筹相比于其他众筹模式，更加复杂，典型的表现就是现在如雨后春笋一般的众筹咖啡馆、众筹投资天使。其他模式的众筹是实物，如现在很流行的智能硬件众筹，众筹款其实就是购买硬件的预付款，但是股权众筹的款项是作为股权出资注入公司，投资人持有该公司股份，成为公司股东之一。因此，股权众筹不可避免地就要涉及公司股权架构、公司治理模式等等异常复杂的问题。因此，相较于其他众筹模式，股权众筹项目的失败率很高。众筹的一个特点就是聚集大众的力量，换句话说，股权众筹的股东数量非常大。但是，我国的公司法规定，有限责任公司公司的股东限定在 50 个以内，非上市的股份有限公司股东限制在 200 个以内。

针对这个解决办法有两种：第一种委托持股。由一个实名股东与几个或是几十个众筹股东签署大持股协议，这些众筹股东则变成隐性股东退居幕后。我国的公司法司法解释已经认可了委托持股的合法性。第二种持股平台持股，可以先设立一个持股平台，由 50 个众筹股东作为持股平台投资人，把资金注入持股平台；然后，再由持股平台把众筹资金注入众筹公司，这样持股平台就会成为该公司的股东，也就是说 50 个众筹股东在众筹公司中只会出现一个股东，有效地避免了股东数量限制的问题。

坑一：股东身份没有直接体现

针对委托持股模式，众筹股东的名字不会出现在工商登记中，只显示实名股东的名字。这种模式即使合法，但还需要证明众筹股东有委托实名股东，这种委托基本上是内部约定，如果没有书面文件，或是其他相关证明，众筹股东面临的风险很大。

针对持股平台模式，众筹公司只认可持股平台是股东，因此众筹股东与众筹公司之间的关系则变得非常间接，众筹股东身份的隐晦对众筹公司几乎无法产生直接的影响。

所以，要避开这个坑，不让自己跳进去，众筹股东一定要与众筹公司签订书面协议，以避免出现众筹公司“翻脸不认人”的情况。

坑二：股东无法参与公司经营

众筹股东虽然是公司股东，但与传统的股东不一样，众筹股东是无法行使股东权利的，例如参加公司的股东大会、参与股东会的表决和投票权利。从众筹公司的角度来说，让几十几百人来参加股东大会是不现实的，那样对协调和决策也会造成很大的障碍，众筹股东参与公司决策，会严重削弱公司的效率。很多众筹咖啡馆也实行过“一人一句”决策权的方式，结果很不理想。但是如果不给众筹股东参与决策的权利，众筹股东的利益又很难得到保障。现实中也不缺乏那种将众筹而来的资金挪作他用的案例。

所以针对这个问题，可以参照上市公司的做法，让众筹股东保持对公司的经营情况的知情权，众筹公司也要设立完善的信息披露、法律等第三方监督的机制。同时，在必要的情况下，给予众筹股东提议乃至表决罢免众筹公司负责人的权利。

坑三：股东无法决定是否分红

投资人参与股权众筹都是因为看中众筹公司的盈利能力，可是，现实中却出现了很多投资后长时间无法得到分红的情况。公司法中也并未规定公司有税后可分配利润就必须要进行分红，是否分红还要看公司股东会表决是否通过。如果股东会不通过，或是直接不设立这个议题，那么即使众筹公司获得几个亿的利润，众筹股东也只能干看着。众筹公司一句“税后利润要用于公司长期发展的再投资”，就能把众筹股东推到千里之外。

所以，众筹股东要保证自己的分红权利，就要在公司章程中约定强制分红条款，且必须有指定的日期。

坑四：入股方式随意化

有些众筹公司，因为和身边的投资人都是朋友或亲戚关系，所以在操作过程中就很难走规范化路线。例如，有些朋友只是说要股权众筹，项目、公司、文件，投资人一样都没看到，就把资金给了发起人。最后出现矛盾时，因为无法说明是什么性质，投资人的利益就很难得到保障。在法律上，可以理解为实物众筹，到时给一个实物就算了事了，也可以理解为借款，发起人把钱还给投资人就行了。该公司估值再高、股权再值钱、分红再多，也和投资人没有什么关系。

所以，投资人在成为众筹股东之前，必须要先清楚，给发起人资金后自己能获得什么。如果是股权，那么就先签订好相关书面协议，将协议中的股东投票权、分红保障用法律文件明确下来。这样才能避免因入股方式随意化而导致的投资风险。

坑五：把自己当作风险投资人

很多众筹投资人没有弄清自身的定位，把自己当作风险投资人。这两者虽然类似，但是性质却不同，众筹投资人没有风险投资人的资金实力。风险投资人投资的项目失败了一两个，对他们来说不痛不痒，他们可以从别处弥补回来。但众筹投资人都是普通百姓，没有资金实力，因此项目一旦失败，会对自身造成致命的打击。另外，风险投资人都是专业人士，对所属行业都有非常透彻的了解，但多数的众筹投资人却不是。

所以，普通的众筹投资人千万不要把自己当作风险投资人。首先投资时最好选择一些传统的项目，收益可预期、持续且稳定，不要贪求高风险、高回报。其次，投资前认真考察自己的投资项目，选择自己熟悉的项目来投资。最后，秉持“投资就是投人”的原则，找值得信赖的发起人或是众筹平台。

众筹已渐渐得到国家及法律方面的认可。因此，以前众筹最担心的法律层面的问题现在则转向了操作层面，即如何操作，如平衡股东与众筹公司的利益，解决由此而衍生出来的纠纷。把握好上文所述的几点，了解股权众筹都有哪些坑，都有些什么应对的办法，这样才能更好地把握股权众筹以及有效避免衍生出来的纠纷问题。

3.2 奖励式众筹

奖励式众筹是使用得最为广泛，用户接受程度最高的模式。2011 年众筹进入中国后，各大众筹网站最先使用的就是这种奖励模式。

3.2.1 什么是奖励式众筹

奖励式众筹又被称为回报式众筹或是预购式众筹，是指投资人在投资某个项目后，发起人可获得非金融奖励作为回报。回报的物品很大程度上只是一种象征，例如VIP资格，或是印有标志的T恤等。回报式众筹在创新项目领域运用得比较广泛，尤其是电影、音乐以及一些设备领域。预购式众筹，则是指发起人在线发布新产品或是服务信息，投资者可通过事先订购或支付，从而完成众筹融资。这种模式除了能帮助创业者融到项目开发的资金，还有事先对市场进行调研和进行市场分析的作用。同时，投资者参与事先销售的动机除了希望自己喜欢或是需要的产品能被生产出来之外，还希望能在产品真实销售时获得折扣。

3.2.2 奖励式众筹成为企业产品营销新宠

在奖励、股权、债权、捐赠4种众筹模式中，以奖励式众筹受众最广，最受人欢迎。不管是像小米、乐视这样的大企业喜欢，一些中小微企业也喜欢，这是因为奖励式众筹除了可帮助创业者筹钱之外，还能帮助创业者筹人气。奖励式众筹就像是一种免费的宣传渠道，效果好，不花钱还能筹钱。因此，奖励式众筹成为企业产品营销的新宠。

案例分享

《甄嬛传》在这两年火得一塌糊涂，其热度烧了3年还未退去。如今由陈柏言推出的《后宫·甄嬛传》画册，也受到了不少人的喜欢。陈柏言耗时3年才将这本画册完成，为了能一炮而红，吸引更多人的注意，他在众筹网上发起了筹资项目。他的目的不是筹集多少资金，而是为了给这本画册做推广，吸引人气，如图3-8所示。

图3-8　众筹网《甄嬛传》画册

该项目在2014年9月15日正式上线，目标资金为5万元，发起后一小时就完成了160%的目标。该项目结束后总共193 877元的众筹资金，远远超过了原先的设定目标，总共有1 570位投资人支持了这个项目。这个项目设置了5种档位：最高15 000元，有6名支持者支持；最低5元，有497位支持者支持；人气最高的是88元档位的，有783位支持者支持，如图3-9所示。

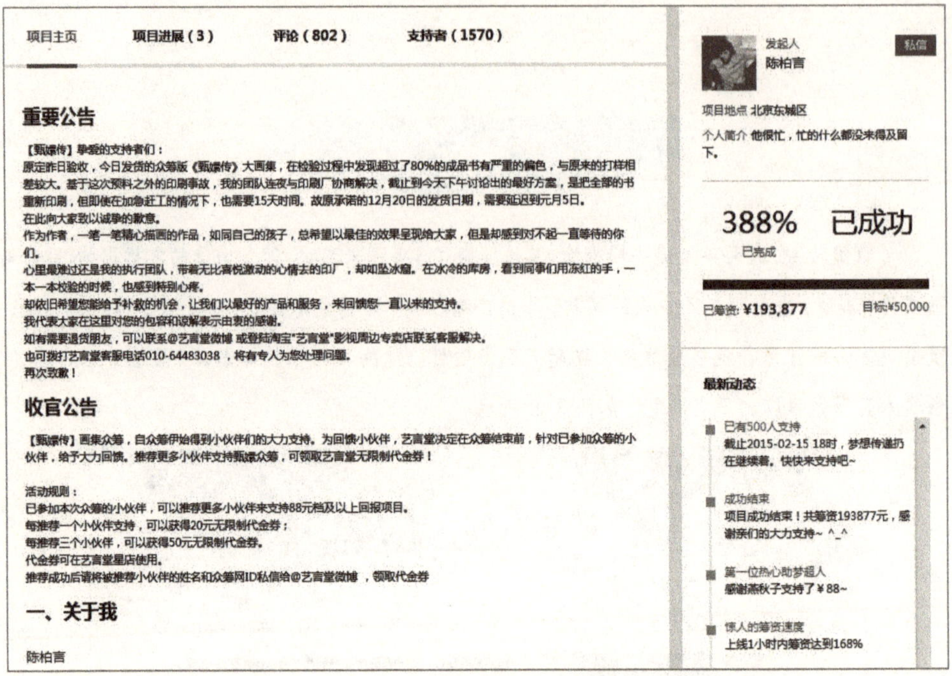

图 3-9 《甄嬛传》画册众筹情况

该项目的火热程度，引起了很多人的关注，不少媒体都对此事做了报道。这样《甄嬛传》画册还未推向市场，就受到了巨大的关注，作者陈柏言也一下子打开了知名度，成功获得不少粉丝。

很多企业或是个人也与这个《甄嬛传》画册一样，在各大众筹平台上发起了项目，他们的目的有时不是为了获得资金，而是通过众筹获得关注度，为自己的产品打开知名度。

在众筹网上多与支持者互动

如果想通过众筹做营销，为自己的产品吸引人气，就要懂得如何把这个项目的效果放大，因此，发起人要多与支持者互动，提高他们的热情。例如可以在项目评论区回复他们的留言，或是时时报告项目的进展，让支持者对项目的进展了然于胸。如果项目进展得很快，就像是《甄嬛传》画册一样，上线一小时就众筹成功，这样的消息让支持者看到，肯定会兴奋不已，证明自己的选择没错。同时，将这样劲爆的消息发布出去，也能吸引更多的潜在支持者的注意。

在社交媒体上多做宣传，加大效果

除了在项目中与支持者互动之外，发起人也要在自己的官方微博、微信公众平台、官网上对此次的众筹项目多加报道。把微博、微信的粉丝吸引到众筹项目中去，一方面可以通过这些粉丝的支持，提高项目的成功概率，另一方面也可通过粉丝来为自己的众筹项目做宣传，加大该项目的影响力。

众筹在满足创业者资金需求的同时，还能满足创业者的营销需求，正所谓一举两得。

3.2.3 莫让奖励式众筹变“众愁”

如今，房子、车子、电器、航班、图书、影视……各种各样的东西都能通过众筹获得，只有你想不到的，没有众筹筹不到的，360 金融搜索平台在 2015 年 1 月 22 日发布的《中国互联网众筹 2014 年度报告》显示，2014 年全年，中国众筹募集的总金额达到了 9 亿多元。

2014 年众筹发展快速，各行各业都加入进来，众筹平台急剧攀升，众筹模式、产品也在不断地发生变化。某些业内人士还将 2014 年列为“众筹元年”。但无论众筹怎样发展，它作为一种新兴的金融形式，都多多少少存在着一些弊端，如果不去解决，那么众筹就会变成“众愁”。

案例分享

翡翠众筹，下一个众筹骗局？2014 年 4 月，10 亿特大翡翠诈骗案震惊业内，各大媒体也对此做了大篇幅报道。此次骗局涉及的金额之大、涉及之广可谓是前所未有。这桩诈骗案，至今还让翡翠玉石商家心有余悸。现在，翡翠又开始进入了众筹业，并且被炒得沸沸扬扬。

许多人都质疑翡翠众筹，是否会成为下一个骗局？如图 3-10 所示。

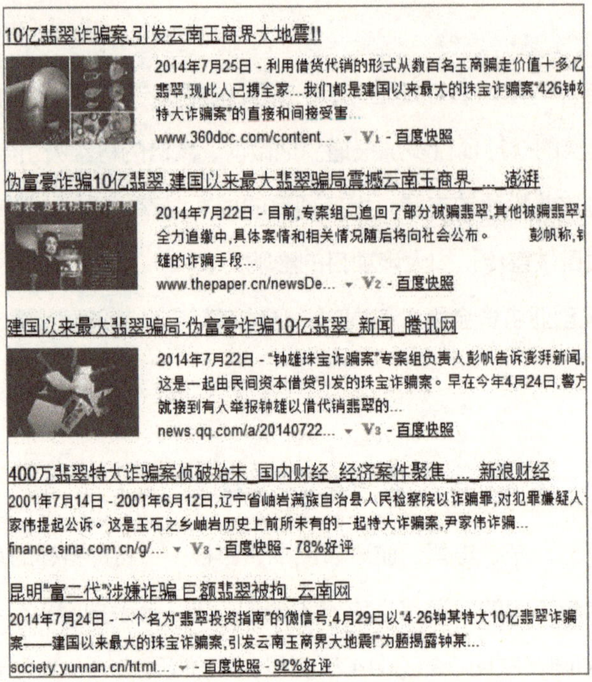

10亿翡翠诈骗案,引发云南玉商界大地震!!

2014年7月25日 - 利用借货代销的形式从数百名玉商骗走价值十多亿翡翠,现此人已携全家...我们都是建国以来最大的珠宝诈骗案"426钟雄特大诈骗案"的直接和间接受害...

www.360doc.com/content... - V1 - 百度快照

伪富豪诈骗10亿翡翠,建国以来最大翡翠骗局震撼云南玉商界_..._澎湃

2014年7月22日 - 目前,专案组已追回了部分被骗翡翠,其他被骗翡翠正全力追缴中,具体案情和相关情况随后将向社会公布。 彭帆称,钟雄的诈骗手段...

www.thepaper.cn/newsDe... - V2 - 百度快照

建国以来最大翡翠骗局:伪富豪诈骗10亿翡翠_新闻_腾讯网

2014年7月22日 - "钟雄珠宝诈骗案"专案组负责人彭帆告诉澎湃新闻,这是一起由民间资本借贷引发的珠宝诈骗案。早在今年4月24日,警方就接到有人举报钟雄以借代销翡翠的...

news.qq.com/a/20140722... - V3 - 百度快照

400万翡翠特大诈骗案侦破始末_国内财经_经济案件聚焦_..._新浪财经

2001年7月14日 - 2001年6月12日,辽宁省岫岩满族自治县人民检察院以诈骗罪,对犯罪嫌疑人尹家伟提起公诉。这是玉石之乡岫岩历史上前所未有的一起特大诈骗案,尹家伟诈骗...

finance.sina.com.cn/g/... - V3 - 百度快照 - 78%好评

昆明"富二代"涉嫌诈骗 巨额翡翠被拘_云南网

2014年7月24日 - 一个名为"翡翠投资指南"的微信号,4月29日以"4·26钟某特大10亿翡翠诈骗案——建国以来最大的珠宝诈骗案,引发云南玉商界大地震!"为题揭露钟某...

society.yunnan.cn/html... - 百度快照 - 92%好评

图 3-10 网上对该案的报道

因为翡翠行业的特殊性正好适合骗局的形成，翡翠是资金密集型产业，没有资金是不可能购买到高品质石料的，同时买家还需具备丰富的经验和极佳的眼力。翡翠没有统一的价格和行业标准，无论是谁都无法保证石料切开后的不定性风险。这些特点就成为了骗局和众筹骗局的温床。

之前翡翠雕工大师王朝阳也发起过类似于瑞丽工翡翠众筹的概念，希望能集合知名的玉雕大师共同出资买料一起创造，然后命名，宣传销售。但这个想法一直都没有实现。由此，可见翡翠众筹的困难性以及风险性，一不小心，造成损失或是受到欺骗，翡翠众筹就变成了翡翠众愁。

夸大宣传，体验尴尬

体验尴尬，绝对是众筹的一致命点，特别是在奖励式众筹中。例如京东众筹曾

发起的 1 元参与众筹航班的众筹项目，有位中奖的用户“C 果冻 C”表示：“感谢京东让我获得了 1 元就能得到回家机票的机会，现在不用站十几个小时的火车回去了！”这是奖励式众筹给人带来的惊喜。但是参与“三个爸爸”空气净化器的张女士确是大大尴尬了一把，她参与了该项目的众筹，但是在半个月后才收到回报，拿到回报后却非常后悔自己参与了这个项目。因为这台净化器的体验与当初设想的完全不一样，外观没有图片上的好看，费电的同时噪音还很大，而且当初项目方承诺的赠送价值 480 元的两个精滤 Hepa 也没有收到，就连净化器上的二维码也无法识别，无法在官网上下载 App。

这只是奖励式众筹体验尴尬案例的一小部分，还有很多有相同遭遇的投资人，尴尬的体验让原本炫目的奖励式众筹逐渐变得黯淡。

骗局伴随，安全缺失

当众筹成为一种新的火热融资手段后，跟随着众筹而来的就是骗局，投资人的安全难以保障。这种骗局在奖励式众筹中尤为明显。我们经常可以在微信中看到有人转发类似于“豆芽蓝牙智能体温计 0.1 元众筹计划”的链接，说什么 0.1 元加 9.9 元就可以购买。很多人都上当受骗，点击支付购买，但他们最终都没有收到货，这种骗局都是骗子在第三方微商平台“有赞”注册店铺后，冒充品牌产品以众筹的形式圈钱。这种情况屡见不鲜。

奖励式众筹多以预售的形式展开，因此不像股权众筹那样，会遇到诸多的法律问题，因此发展速度比较快。但在发展的同时，很多众筹平台却无法保障投资人的权益。《合同法》中有关传统商品预售的规定是这样的：“如果商家不能按期交付商品，或是商品的质量没有达到标准，相关的赔偿、退款、召回程序都要按合同中注明的条款进行。”因此，消费者损失的只是时间成本。但是在奖励式众筹中，投资人的预付款兼具预购、投资和资助的性质，我国对此还未有明确的法律法规。因此，一旦出现违约，投资人很难拿到赔偿。

3.3 债权式众筹

债权式众筹是一种以归还本金和支付利息为回报方式的众筹，其实就是P2P网络借贷。债权式众筹是伴随着互联网的发展和民间借贷的兴起而产生的一种金融脱媒现象。它的出现为很多人打开了一条新的融资渠道，也为那些投资人带来了一种效益产生的新方式。

3.3.1 什么是债权式众筹

债权式众筹主要是指企业或个人通过某个众筹平台向若干出资者借贷，随着互联网技术的发展和普及，人们借贷的方式从线下有限范围内的面对面借贷延展至网络空间，人们的借贷范围以及参与的群体也随之变大，可以说哪里有互联网哪里就能借贷。金融危机期间，在银行的借款率普遍上升的情况下，P2P便捷自助的操作模式以及低廉的费率、双赢的利润和差异化的定价机制，使其成为债务整合的一条便利路径。

债权式众筹平台的作用就是多样性，有些是起到中间人的作用，有些还具备担当还款的责任。同时，企业或是个人向平台融资可以是为了自身发展，也可以是为了某个公益项目进行的无利息借贷融资。因此，基于贷款的众筹平台可以为出资提供利息，也可以不提供利息。究竟如何选择，就看发起人申请的项目是什么性质。

行业分布

借贷人在借贷时，要签署一份协议，还款的金额以及时间都由借贷协议所决定，包括约定的还款计划和利息。根据一些专业平台的研究报告来看，债权式众筹的受众大部分都是中小企业，商业企业占绝大部分，能源和环境类行业排第二，社会事件排第三，艺术和音乐行业所占份额较少。如图 3-11 所示。

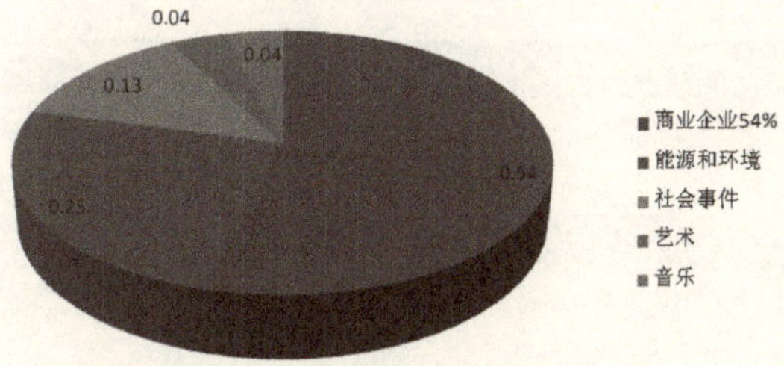

图 3-11 债权式众筹项目的行业分布情况

债权式贷款运作流程

债权式借贷项目有 3 个主体，分别为投资人、平台、筹资者，每个主体都要严格按照要求来完成自己的任务。相对于其他模式的众筹，债权式众筹是一个非常严谨的项目，各个环节紧紧相扣，每一个细节都不能出错。债权式众筹平台的风险也比较高。因此，对每个细节处风险的规避和控制是非常重要的。对于投资者来说，资金安全是他们关注的首要问题，每个主体在项目进行的不同阶段所需要规避的风险也是不同的。

第一步，投资者到相关平台注册成为用户，该平台的特质是集合优质小贷公司的融资需求，并主动寻找开发优秀融资需求的项目，筹资者在该平台发布筹资需求。第二步，投资者选择符合自己投资意向的项目并投资，平台审核该项目的信用程度并发布需求，筹资者向平台提交信用审核资料，然后等待双方的资料对接。第三步，与平台和筹资者签订电子合同，平台在项目成功后放贷，寻求小贷公司作为担保后，持续关注项目的进展。筹资者在收到筹资款后，可考虑是否要进行二次担保。第四步，投资者到期收回投资，并向平台支付相关费用。平台在注册成功后，可向投资人或是筹资者收取费用；如果项目违约，则要负起追偿债务的责任，并按约定赔付，筹资者到期偿还。如图 3-12 所示。

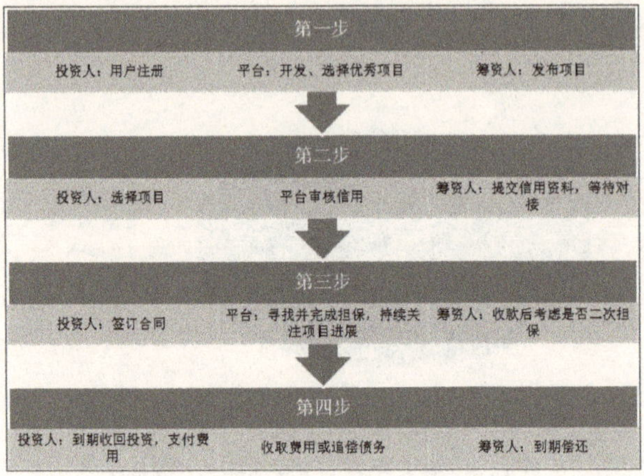

图 3-12　债权式众筹项目流程图

债权式众筹的优势

债权式众筹已经成为近年最受欢迎的一种投资理财方式，根据艾瑞咨询公司发布的《2013 年中国 P2P 贷款行业研究报告》，2012 年中国的债权式众筹贷款总额达到了 228.6 亿元，比 2011 年增长 271.4%，2013 年的总成交量则达到了 1 058 亿元。由此可以看出，债权式众筹在中国的市场不仅庞大，而且发展也相当迅速。为什么这种新兴的互联网融资方式会如此火爆呢？自然有其优势所在。

案例分享

宜人贷是宜信财富旗下的一个 P2P 网贷平台，于 2012 年成立。筹资人在网站上发布筹资需求，通过宜人贷的信用评估后，就可获得投资人的信用借款资金支持。宜信宜人贷新成立以来，获奖无数，例如 2014 年获得“金峰奖年度时代优秀 P2P 平台奖”、第八届中国电子金融年会“互联网金融创新奖”、极客公园“年度新服务机构奖”等大大小小的奖项。这些奖项不只是对宜人贷的嘉奖，也代表着业内以及公众对宜人贷的信任。同时以“宜人贷”为代表的获得成功的 P2P 网贷平台也表示了 P2P 网贷有着传统的贷款机构所没有的优势，如图 3-13 所示。

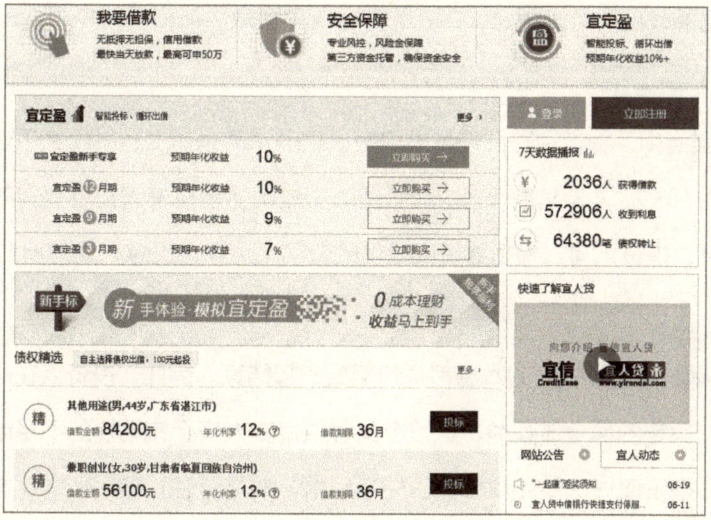

图 3-13 宜人贷

宜人贷的平均年收益达到了 10%，其他的网贷平台甚至更高，如拍拍贷就达到了 16%，而且这些收益全归投资人所有，投资人除了一点点手续费，无须再付任何费用。从 2015 年 6 月 16 日到 2015 年 6 月 23 日，这 7 天时间，就有 2 036 人在宜人贷发起了贷款，有 572 906 名投资人获得了利息，有 64 380 笔股权转让。这个数据只是 P2P 网贷世界中的一小部分，但只是从这一小小的数据中可看出，P2P 网贷如今以成为人们新的、有效的、快速的、受欢迎的一种投融资方式。

收益率

P2P 理财的收益比银行高出很多，银行设置的多种费用拉低了投资者的大量收益，例如手续费、托管费、管理费等。银行理财者的收益率最高为 7%，其中就有 2.5% 的收益被银行瓜分走。P2P 投资者的年收益一般在 12%~24%。

抵押担保

理财其实就是投资者将资金借给银行的一种信用贷款，除了银行信用之外，没有任何抵押担保的补救措施和手段。在 P2P 中，筹资人如果想要成功借款，都要以足量的资产或是高质量的债权作为抵押，并履行抵押登记手续，并引入第三方担保公司履行逾期代偿义务。因此，P2P 的安全性和保障性都相对较高。

与真实项目挂钩

在现实当中，银行理财经理不太清楚自己的产品是什么，有什么用途，收益又和什么挂钩，产品风险又是什么。P2P 理财模式则要求筹资人提供真实的借款用途和项目信息，投资人可以根据筹资人提供的资料来选择自己感兴趣的项目。

流动收益

银行理财对于投资人的本息都是到期后一起结算。因此，投资人在购买期间就无法享受到稳定的现金流收益，这很容易导致投资人资金流动性的不足或紧张。而 P2P 网贷则是采取一次性还本付息、先息后本、按月付息、到期还本、等额本息、等额本金等多结算模式，不但能降低理财风险，也能满足投资人日常的流动性资金需求。

3.3.2 债权式众筹项目的利率与金额该如何确定

在 P2P 网贷平台上进行借款时，筹资人或是投资人要想得到最大的效益，就要知道每个 P2P 网贷的平台的利率和金额是多少，要怎么确定。确定金额和利率的方法与用户的信用等级分不开。在 P2P 平台上进行借款时，筹资人要通过平台的信用等级评级审核，通过信用等级来决定给筹资人多少利率以及金额，同时投资人也会根据筹资人的信用等级判断所要投资的项目的风险性和可靠性。可以说，信用等级的高低直接关系到筹资人是否能借贷成功。那什么是信用分数和信用等级呢？用户的信用分数通过平台审核后获得，信用等级则是由分数转化而来，每个信用等级都有与之相对应的信用分数范围。

案例分享

拍拍贷成立于2007年6月，是中国第一家P2P纯信用无担保网络借贷平台，也是第一家由工商部门批准的“金融信息服务资质”的互联网金融平台。拍拍贷的利率和金额的确定方式是筹资人的借款利率在最高利率限制前，由自己设定。筹资人在认证后，平台会根据所提交的材料和借还款记录对其进行信用等级评分，每个信用等级都有一个与之对应的信用分数范围。拍拍贷的积分方式分为线上线下两种，如图3-14所示。

线上积分方式	线下积分方式	信用分数	信用等级
身份认证：10	可提供房产证、结婚证、工资证明来给自己加分，分数由个体的具体情况来确定	126~160	A
手机实名认证：10		101~125	B
视频认证：10		76~100	C
学历认证：5		51~75	D
按时还款 <15 天：+1		26~50	E
逾期还款 >15 天：-2		1~25	F

图3-14　拍拍贷线上线下积分方式

拍拍贷除了根据表上的资料对筹资人进行等级评分，也会对筹资人的借出行为进行记录以及评分，这些评分也会作为筹资人借款的依据。

拍拍贷借款利率的确定：拍拍贷网除了规定范围内的筹资人要选择相应的借款模式和借款目的，还做出了属于自身平台的规定。拍拍贷要求筹资人根据自身能力和具体情况设定一个自己能承受的利率，不得超过银行同期利率的4倍。信用等级越高、借款利率就越低。同时为了适应市场和帮助投资人做到收益和风险的平衡，拍拍贷会对借款利率做出一些引导。

拍拍贷借款金额的确定：筹资人的可用额度与其信用等级和认证材料有着很大的联系，信用等级越高，可借款的金额就越大。筹资人可上传户口信息、银行流水、个人不动产证明、企业、个体法人证明材料来提高信用等级。如筹资人有较好的还款记录，平台会主动提高金额。新申请的HR、E类的初始阶段一般被限制为3 000元。下表是拍拍贷2011年3月至年底的借款数据表。

借款数据表

被撤回借款	流标借款	成功借款	满标但未批准成功借款	已还完借款	总计
3 265条	5 033条	4 269条	5 876条	3 842条	22 285条

从该表可以看出，目前中国的债权式众筹平台还不是很完善，普及度还不够，大多数的借款都不能引起投资人的注意，成功借款的比例并不大。除了平台运用的不完善之外，筹资人利率和金额的不合理确定也是其失败的原因之一。平台要对筹资人进行合理引导，筹资人也要充分评估自己的能力，切勿盲目设置高利率、高金额来吸引投资人。

如何获得并提高信用分数、信用等级

筹资人根据平台的要求申请借款并上传资料，审核完成后，就能获得相应的信用分数和信用等级，初申请的筹资人一般只能获得最低信用额度，如拍拍贷设定为3 000元。筹资人可通过提交可选认证资料来提高信用分数，同时良好的还款记录对于下次申请贷款非常有帮助。

如何提高信用额度

有些网贷平台会根据筹资人信用等级的升高而主动提高信用额度，有些则需要主动申请。提额申请资格说明、筹资人出示已获得的信用额度，自少已成功借款一笔，目前名下所有的借款已还清，无须再还借款。提额申请的办法：如果筹资人当前的

状况满足平台所提的要求，就可重新发布借款申请，申请金额要按照实际需求填写，不限定在已获得的信用额度范围之内。

3.3.3 把握 P2P 筹资模式，做好债权式众筹

传统的P2P只承担了平台的角色，通过这个平台，投资人可以直接把钱借出去，并收取利息。为什么国外的P2P网贷发展得会比中国好？是因为国外的征信体系比较健全，而且每个网贷平台都能够获取到筹资人的信用记录，因此网贷中难度最大、风险最高的信用审核和放款都够在线上进行。而中国因为政策和征信等方面的阻碍，贷款流程只能一半在线上进行，一半在线下完成。为了符合政策和避开风险，P2P网贷公司慢慢地将由国外引进的原始模式改成了担保模式、债权模式、小贷公司、平台模式等具有中国特色的模式。如图 3-15 所示。

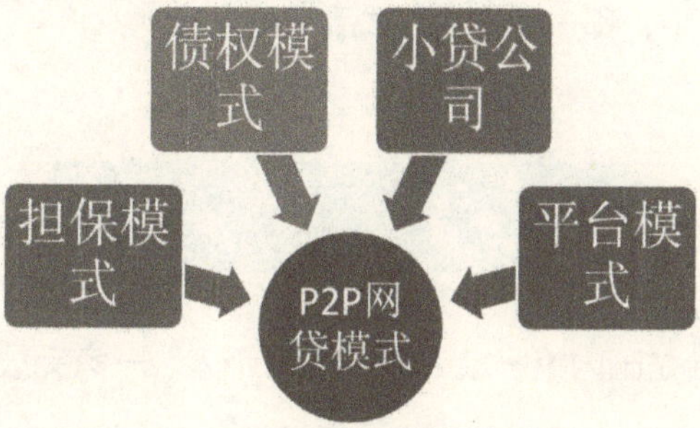

图 3-15　P2P 网贷 4 种模式

传统模式：在网上搭建平台，投融资双方在线上撮合完成，其优点是有利于数据的积累、建立独立的品牌、借贷双方可进行无地域限制的借贷，而且不触及红线，是最正规的P2P贷款平台。优点则是需要在先期就开始培养竞争力，如果没有实力培养用户基础，则很难获得成功。

债权模式：在网上搭建平台，在线下购买债权，然后将债权转售给投资人，赚取其中的利益差。债权模式的优点是通过平台，交易量和速度迅速得到提升。缺点是有政策风险，而且程序非常繁琐，需要通过地勤人员才能完成整个交易流程，因

此有地域限制。

担保模式：在网上搭建平台，线上撮合借贷双方，在借贷过程中，平台会引入保险公司或是小贷公司，为交易双方提供安全保障。该模式的优点是可充分保障投资人的资金安全，缺点则是因为设计的关联方较多，如果P2P贷款平台实力不够，则很有可能会失去定价权。

平台模式：在网上搭建网站，与小贷公司进行合作，将多家小贷公司的融资需求引进平台，并与对方一起完成风险审核。该模式的优点是成本小、见效快，缺点则是核心业务已经脱离了金融范畴。

3.3.4 哪一种还款方式最赚钱

P2P的还款方式有很多种，每一种都能为筹资人或是投资人带来不小的利润，但这么多种还款方式中，哪一种还款方式最能赚钱呢？

案例分享

拍拍贷：该平台是国内第一家P2P个人对个人、一家完成ABC 3轮投资、第一家获得“金融信息服务”资质的网络信用借贷平台。拍拍贷的贷款模式是筹资人每月要还本付息，筹资人的年化收益可达16%，最低50元就可体验。拍拍贷的还款模式是使用等本等息的还款方式，就是筹资人每月都要归还固定的本金和利息。如图3-16所示。

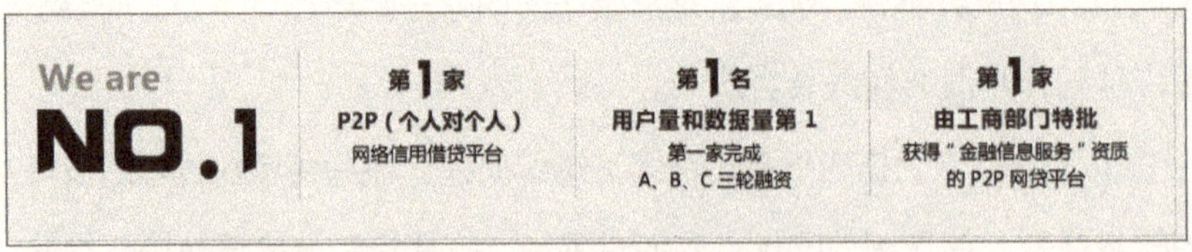

图3-16 拍拍贷运营情况

人人贷：该平台可算是国内 P2P 网贷中的先行者之一，规模和信用也较高、较大，拥有不少忠实的粉丝。人人贷主要采取两种还款方式，一种是等额本息，筹款人每月要还部分本金和利息，所还的金额每月都较为固定。因为每月的本金都在减少，同利息算下来，筹资人所需付出的成本较低。另一种是按月付息，到期还本。筹资人每月需付出总利息的一部分，到期时要一起还清利息和本金。投资人可获得 12%~14% 的年化收益，如图 3-18 所示。

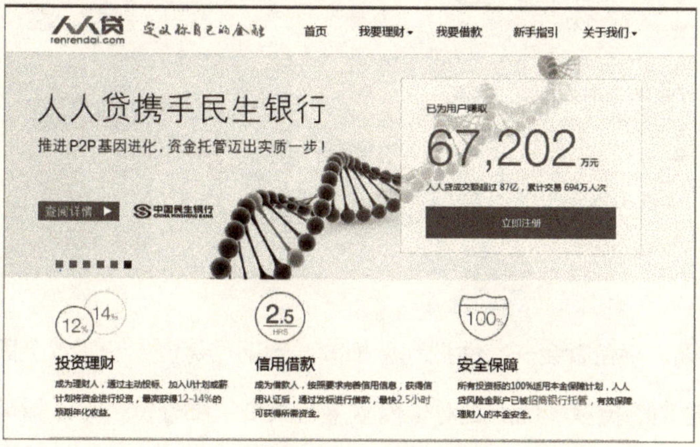

图 3-17 人人贷

小牛在线：该平台在最新的网贷之家排名第 15，是国内为数不多的获得中国互联网协会信用评级 AA 的网贷平台。小牛在线采取了多种还款方式，每一种产品的还款方式都不一样。例如旗下的一款安企贷产品，它采取的还款方式就是一次性还本付息，是指筹资人要在期限内一次性归还本金和利息，在贷款期限日到来之前，无须归还任何本金和利息。如图 3-18 所示。

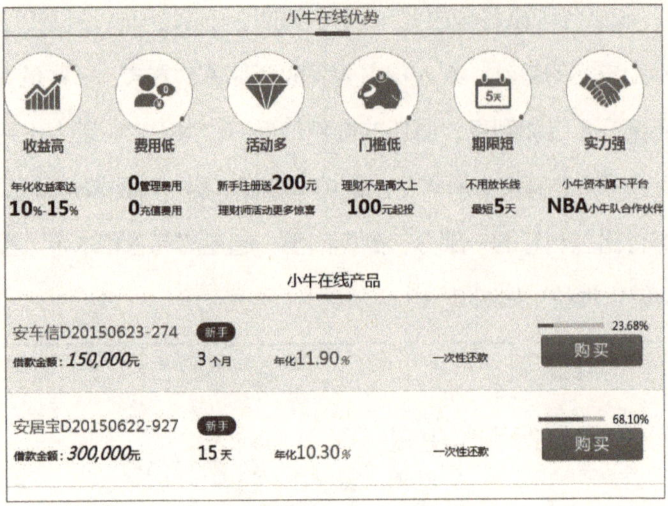

图 3-18　小牛在线

模式 1：一次付息，到期还本

借款当天，平台就会一次性把利息扣掉，到期后筹资人归还本金即可。这种模式比较适合短期的贷款，优点是对于借款平台来说，部分资金可以循环利用，缺点则是借款人成本较高，而且法律也不支持提前付息。最好不要选择这种模式。

模式 2：按月付息，到期还本

筹资人每个月向投资人支付利息，贷款到期后一次性归还贷款本金。这种模式比较适合日常现金流不足的短期贷款，如工程行业、种植业与养殖业。优点是对于筹资人来说平常没有还款压力，可以将筹到的资金全用于项目上，缺点是对于贷款平台来说，这种方式的风险比较大。

模式 3: 按月付息、按季还本

筹资人每个月都要向投资人支付利息，且每 3 个月就要归还一次本金。这种模式比较适合工程行业、养殖行业的贷款，因为这种模式的现金流是呈间断性的。而种植业要将一季作物销售出去后才能获得现金流，工程行业也要等到结算期才能收到货款，按季还本的方式刚好与这些行业的现金流特点相吻合。该模式的优点是还本的时间间隔较长，筹资人有充裕的本金准备时间；缺点则有两个方面，一是比起按月还本的模式，该模式风险较大，二是因为还款时间固定，会有与预计现金流有出入的情况出现。

模式 4：等额本金

等额本金是指将贷款本金分摊到每个月内，每月归还固定的本金并支付剩余本金的利息，本金剩得越少利息也就越少，总还款金额也会随着利息的减少而减少。该模式较为适合有持续现金流的行业和筹资人，其现金流情况最好是呈现前期较大后期递减的情况。如营运类汽车贷款，因为所购新车开始投入运营时，维修保养费少，收入较大，但随着车辆的使用而费用增多，收入就随之递减，这与等额本金的还款方式相吻合。该模式有两个优点：一是贷款按月归还，贷款余额逐渐减少，风险逐步降低；二是对于筹资人来说，按月还款压力较其他模式小，且较为容易归还，能避免一次性还款的压力，而且可以提前还款。该模式也有两个缺点：对于筹资人来说，随着本金的逐步归还，可利用的资金也就随之降低；二是如果筹资人是优质客户，贷款利息减少后，贷款机构的利润也就会随之降低。

模式 5：等额本息

确定每个月还款额，计算当月需支付的利息，然后用还款额减去当月应支付的利息，就是本金的还款额，下一个月的利息则是按剩余本金来计算。该模式要求行业或借款人有持续现金流，且现金是基本均匀的，主要的作用是为流动资金和库存做补充。该模式的优点是与等额本金相同，也是按月还款压力小，风险小。缺点也一样，也是可利用资金量随着还款减少，贷款机构的利润随着本金的归还逐步减少。

模式 6：等本等息

将本金和贷款期限内需要的支付的利息相加，然后除以还款月数，筹资人需每月归还固定的本金和利息。该模式前期支付的利息比实际使用的贷款利息低。因此筹资人无法提前还款，如果要提前还款，要多付利息。该模式要求行业和筹资人要有持续的现金流入，现金基本均匀，重要的作用是用于补充现金流，增加库存。该模式的优点和等额本金、等本等息相同，缺点也一样，只是增加了一条无法提前还款，即使筹资人资金充裕，也必须继续使用贷款，增加了筹资人的成本，降低了信贷资金的使用效率，提前还款需要再支付利息。

模式 7：前期按月付息，后期等额本金

这种模式的还款方式是前几个月支付利息，后几个月归还本金。这种模式较为适合投资类贷款，商品流通业、服务业、加工制造业的筹资人较为适合。这类行业在投资期内没有现金流，还款难度较高，投资完成后就会有资金流入，就无须担心还款压力，也较为适合淡旺季比较明显的行业。该模式的优点是较为符合这类筹资人的现金流规律，能减低筹资人还款压力，接受程度较高。缺点则是因为前期不用归还本金，增加了后期还款的难度，同时也增加了筹资人后期的还款压力。

模式 8：核定最高额度，随借随还

该某个时间段内，贷款机构给筹资人一个最高的授信额度，筹资人在这个时间段可在最高授信额度内随时得到贷款，也可随时归还。该模式适合在某个时间段内资金流不固定的筹资人。优点是可以按照自己的需要随借随还，缺点则是授信期限内不做贷款风险评估，因为不确定筹资人的诚信度，增加了贷款风险。因此要做好贷后检查工作。

模式 9：一次贷款，不定期还款

贷款机构将贷款一次性发放给筹资人，筹资人可根据自己的情况在期限内归还本金利息，可一次性，也可多次分还，多次分还的数额也可由筹资人自己决定。该模式适合将来的一个时间段内现金流不固定的人。优点是可根据自己的情况来安排还款，灵活性较大。缺点则是筹资人可能会拖延贷款，从而给贷款机构增加了风险。

每一种模式都有其使用范围、优点和缺点，筹资人或是投资人可根据自己的需要和情况来选择。P2P 的投融资方式没有最高利益的模式，只有最合适自己的模式。

3.4 捐赠式众筹

2015 年，众筹网发布的《中国公益众筹研究报告》显示：2014 年公益众筹项目成功 299 个，筹得善款 1272 万元。在 2013 年发布的中国网络捐赠报告中显示，全国网络捐赠达到了 5.2 亿元，捐赠众筹的比例仅占整个网络捐赠的 1.34%。从这个数据可以看出，捐赠式众筹，也就是公益众筹还有待发展。

国内捐赠众筹发展格局呈现数量少、知名度低、活跃度低的特点，主要是因为各个平台的地域性较强，无法获得广泛的知名度与关注度，另外，平台发起方有限的资源和运营能力也是阻碍捐赠众筹发展的一大原因。

3.4.1 什么是捐赠式众筹

捐赠式众筹是四大众筹模式中的一种，和债权众筹、股权众筹不同，捐赠式众筹是一种不计回报的众筹，像红十字类的 NGO 在线捐款平台可以算是早期的捐赠众筹。筹资人提出申请后，NGO 就会对其进行调查、审核、证实情况，之后 NGO 就会在网上发起项目，向公众募捐。捐赠式众筹也可称为公益众筹，它主要运用于公益领域，是一种不求回报的众筹模式，现在各大众筹平台都设置有公益众筹频道。在该模式下，投资人对某一个项目的出资支持更多的是“重在参与”或是精神层面的收获，而不是在于项目能给予自己多少物质回报。早期的捐赠式项目一般是书、电影、演唱会、课程、手表等，项目的投资人一般就是项目的推动者，有着很强的参与感，现在则慢慢变成为公益事业的另一个发展渠道。例如希望小学捐赠、灾后人道主义捐赠等。我国第一家专业公益众筹平台名为“创意鼓”，于 2013 年 7 月正式上线，另外两家专业的公益众筹平台“积善之家”和“新公益”分别在 2014 年 3 月和 4 月上线。如图 3-19 所示。

图 3-19　公益众筹网站“创意鼓”

公益众筹的渠道主要有两种：一是通过综合类众筹平台中发起的项目，如淘宝众筹、苏宁众筹、众筹网等；另一种则是通过专业的众筹平台中发起，例如创意鼓、积善之家。捐赠式众筹的优点就是降低了公益参与的门槛，提高了公众的参与度，但是因为发起门槛低，各个平台对发起人的资格认定较为宽松，使项目存在着一定的违约风险。另外，众筹平台也无法对公益项目的回报发放进行监督，虽然有明确的风险提示以及分批将款项发放给发起人的机制，但是一旦项目回报发放过程出现问题，众筹平台并不担责。

3.4.2　公益事业如何通过众筹进行运作

其他 3 种众筹模式吸引出资者的原因在于获得资金回报，项目设定的平均筹款额也较高，而捐赠式众筹吸引投资人的原因则是因为对项目理念的认同，对个人价值观的认同，对社会、对弱势群体所贡献的一份爱心，所以说，捐赠式众筹很大程度上就是一种无偿性的捐赠。那么公益事业都是如何通过众筹进行运作的呢？根据上文所述内容可知，公益在众筹中的发展并不是很理想，我国专业的公益众筹平台少之余少，仅有的几家知名度和运营能力都不是很好，国内的公益众筹项目大多掌握在综合类众筹平台上。

案例分享

案例一：众筹网格萨尔王藏文化技艺园爱心众筹。这是众筹网上发起的一个为残障、贫穷、失养孩子建立技艺园的希望工程众筹项目，主要针对的是西藏地区的残障、贫穷、失养儿童。该项目的主要负责人是曲尼多吉，他曾收养了13个孩子，后来因为爱心人士的帮助建立格萨尔小学，为西藏部分失学儿童提供了帮助。但是上完小学之后，很多孩子还是无法受到继续教育，又要重新回到贫穷的生活。曲尼多吉希望孩子们在小学毕业后有一技之长，所以想要建立技艺园，让他们学到一门能养活自己的手艺。如今，这个项目已经得到了954人的支持，筹得善款155 921元。如图3-20所示。

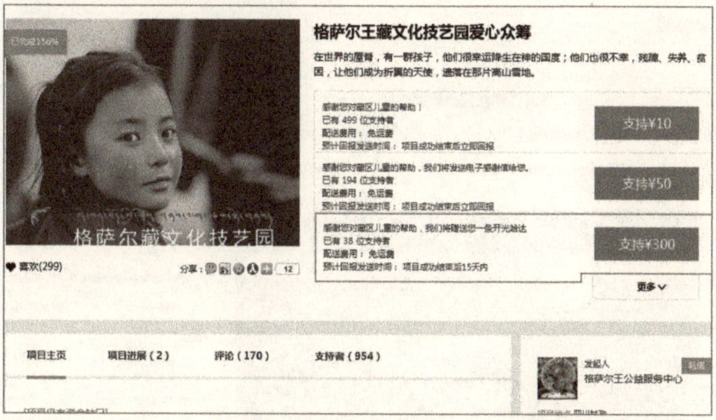

图3-20 众筹网“格萨尔王藏文化技艺园爱心众筹

案例二：淘宝众筹关爱烧伤儿童公益众筹。该项目是由施乐会发起的，施乐会是一家2007年成立的慈善机构，专门为社会弱势群体提供帮助。此次在淘宝众筹平台上的公益项目就是为了救治烧伤儿童而发起的，截至2015年6月24日获得1 695人的支持，筹得慈善基金 66 130 元，距离项目结束还剩 6 天。该项目设置了 20 元、50 元、100 元三种档位，捐助者可根据自己的意愿选择捐助。项目成功后淘宝不收取任何费用。如图 3-21 所示。

图 3-21　淘宝众筹“关爱烧伤儿童”

案例三：新公益为贫困孤儿兄妹筹集学费。该项目的发起人为郑委良，他以个人名义在新公益上发起了 1 000 元助学资金的众筹项目。这是个小额的、纯公益性质的项目。目前该项目已获得 10 人的支持，共筹得 1 000 元资金。该项目不设置任何回报，众筹失败，也不会退回捐赠人的资金，将筹得的资金全都用于孤儿兄妹的学费上。如图 3-22 所示。

图 3-22　新公益：为贫困孤儿兄妹筹集学费

公益众筹需要商业思维

公益众筹其实和商业众筹有着非常紧密的联系，如果将商业思维加入公益众筹中，那么对其的帮助是非常大的。首先，发起人可以用商业的思维来设计产品。根据调查报告显示，在众筹网上活跃的人并不是传统的热衷于公益的人士，而是喜欢关注创意项目的年轻人。因此，在设计公益产品的传播点时，不能用“眼泪指数”，而是要在产品设计的吸引力和项目设计的新颖度上。例如淘宝网上的“全民征婚——首届网络集体婚礼”公益众筹项目就非常有创意，该项目吸引了 13 249 人的支持，筹得资金 36 324 元。

选择合适的众筹平台做公益

公益众筹平台，有专业和综合类之分。目前，国内有 95% 成功的公益项目都是来自于综合类众筹。无论是专业的还是综合类的公益众筹平台，都有自身的运作模式、平台手续费、项目发起条件，发起人可根据自身的情况以及众筹平台的特点来选择。如表所示。

公益众筹平台比较表

平台名称	公益领域	运作模式	平台手续费	项目发起条件
创意鼓	综合	个人机构可发布 1 000 元到 100 万元项目，筹款失败后资金自动转入创意鼓梦想公益基金	所筹资金全用于公益活动中，扣除一些最低手续费	个人、企业都可发起项目，资料完整真实，项目方案有可行性、创意性
积善之家	综合	仅限机构发布 2 万元项目，项目失败资金退还捐助者	收取 6% 管理费，前 100 个成功项目，补贴 10% 行政经费	个人、企业均可发起，实名认证，需审核，后期完善资料
新公益	助学支教	个人或机构发布 1 万元以内 100 元以上，项目失败仍可拿到所筹集善款	无	个人、民间组织、正式公益团体、基金会等均可发起
追梦网	青年人	预定时间能达到设定目标项目才成功，若失败则将资金返还捐助者个人追梦账户	项目成功后收总募集资金 6% 的手续费	不接受完全公益项目，须有创意性和启发性

续表

平台名称	公益领域	运作模式	平台手续费	项目发起条件
众筹网	综合	在预定时间内完成目标项目才成功，分两次打款，留存项目总金额的 30% 作为保证金，筹款失败退还资助者	无	规定了不可发起种类：个人不得为慈善或其他人筹资
淘宝众筹	综合	预定时间内达到目标项目才成功，如果失败则自动退还资助者	无	必须有实质项目内容
中国梦网	综合	预定时间达到目标项目才成功，分两次打款，留存筹资额的 20% 作为保证金，如果失败则自动退还资助者	无	具有相关资质的公益组织才可发起项目，个人不得发起公益项目

公益众筹虽然发展得不如股权式众筹、奖励式众筹那样快，但也不可否认，它已成为人们参加公益事业的一个新的渠道。只要操作得好，就能发挥出传统的公益活动所没有的效应。因为众筹的推动者是互联网，而互联网没有地域、人群的限制，能让更大范围的、更多人参与到公益众筹中来。

3.4.3 企业如何做好公益式众筹

现在很多企业都会通过众筹的方式来做公益，例如腾讯推出的“为盲胞读书”，新希望乳业通过企业官方微博以及企业员工个人微博发起了“你点 1 个赞，我捐 1 元钱，为 300 名孤儿筹专属体检”的活动等。可见公益众筹被越来越多的人所接受。不过企业做公益众筹并没有那么简单，要考虑到很多的问题，例如如何利用自身的力量，将公益项目发挥到最大的效应，如何在社交媒体时代，为公益众筹做营销，因为“公益众筹”一直以来就是个敏感词，很容易遭受到大众的质疑，此时此刻，如何让自己的公益众筹项目得到社会的认可，通过这个公益众筹项目为企业品牌带来美誉度就尤为重要了。

案例分享

周笔畅团队在淘宝众筹上发起的“爱的分贝公益音乐会”项目获得了很大的成功，项目最初设置的筹款目标是200 000元，项目结束时众筹到超过6倍的资金，共筹得资金1 329 200元，6 392人支持了该项公益项目。如图3-23所示。

图3-23　周笔畅爱的分贝公益音乐会

周笔畅团队联合阿里公益、淘宝星店一起发起这个公益项目的目的是为了帮助处于无声世界中的孩子筹得手术费和康复费用。这个公益项目不但获得了成功，也为周笔畅赢得了很好的声誉，加深了人们对她热爱公益的好印象。同时，周笔畅将擅长的音乐与该公益项目结合在一起，通过音乐来让更多的人关注聋哑儿童。团队在为这个项目做宣传时，并没有把重点放在自身的音乐品牌上，而是将重点放在了这个众筹项目会帮助到多少人，能帮助这个群体解决哪类问题。这样的宣传方式避免了大众对周笔畅利用公益活动做营销的不良想法，产生了正面的效应，如图3-24所示。

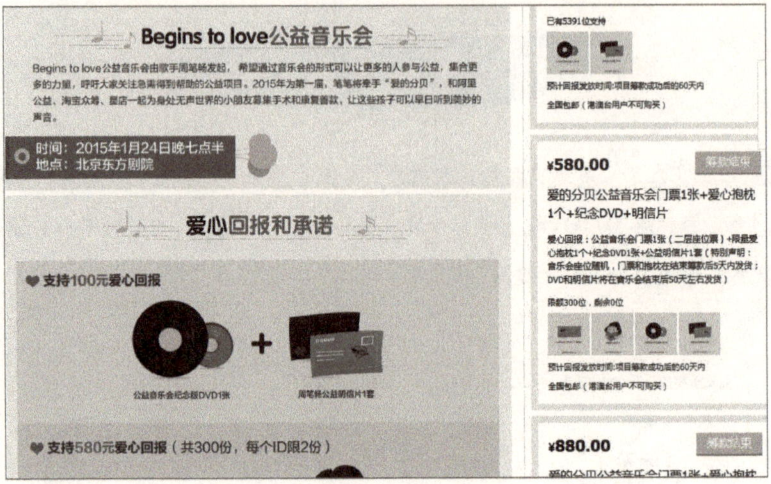

图 3-24　周笔畅爱的分贝公益音乐会文案宣传

公益项目要与企业自身核心能力相关

企业要做公益众筹项目，获得成功的同时，并发挥出最好的效应，那么最好是与自身的核心能力相结合。一般企业的核心能力都是企业最擅长的地方，有着其他企业没有的优势，因此如果能将之与公益项目做结合，除了能帮助项目尽快获得成功，也能为企业品牌做宣传，同时公众在参与时也比较容易与企业之间建立信任，可谓是一举数得。例如健康企业倡导健康运动、互联网企业可以利用自身平台的优势、汽车企业可以关注道路交通安全等。

项目发布前先做好内部的沟通和倡导工作

项目在对外发起倡议时，要先在企业内部完成多轮的沟通和倡导，因为，能坚持到最后的，并发挥出最大效应的公益项目最耗费的不是资金，而是人力的长期投入。因此，如果企业内部没有做好沟通配合工作，那么肯定会影响到后期项目的推行工作。

同时，企业在公益众筹项目进行外部宣传时，重点要放在项目所能解决的社会问题上，让公众了解到蕴含在品牌中的公益价值，而是不是一味地做“品牌支持了谁、帮助了谁”的生硬宣传。

3.4.4 捐赠式项目如何包装才能吸引用户

一个项目能否成功地募集到预期的资金，包装是非常重要的，捐赠式众筹项目虽然是一种公益性质的行为，但是如果不懂得包装也很难获得爱心人士的注意。但是捐赠式项目的包装方式与其他众筹模式的包装方式不同。它的包装并不是要求发起人有意地进行夸张，而是要求发起者对项目进行更为真实地记录，以及真实地反映出发起该项目的原因。捐赠式众筹主要是采取募捐的形式，那么发起人要如何才能激发出捐赠者的爱心呢？其实公益众筹项目最主要的就是让捐赠人得到心灵的触动。

案例分享

众筹网公益众筹频道中的“一支笔”暑期支教公益活动项目，这个项目是由水墨丹心工作室联合梁珂暖春爱心助学公益组织发起的，如今已经获得了5 555元的众筹资金，距离项目结束还有12天，该项目就已经获得了成功。这个项目的成功就是因为它将真实表现了出来。无论是图片还是文字，都未曾有夸大之词，只是将偏远山区的教育困境、艺术困境表现了出来。

图3-25、图3-26中的图片都是甘肃会宁焦河小学、石沟小学、李家窑小学的真实写照。项目发起人没有用过多的文字去渲染他们的贫穷与悲伤，只是用寥寥几行文字，几张真实的图片来显示出来。

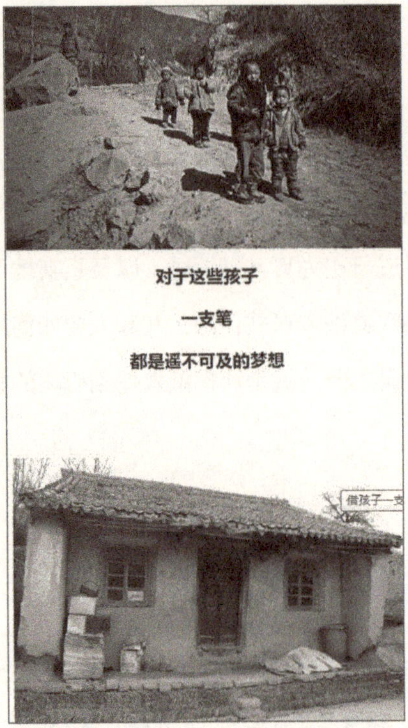

图 3-25 “一支笔”的文案内容

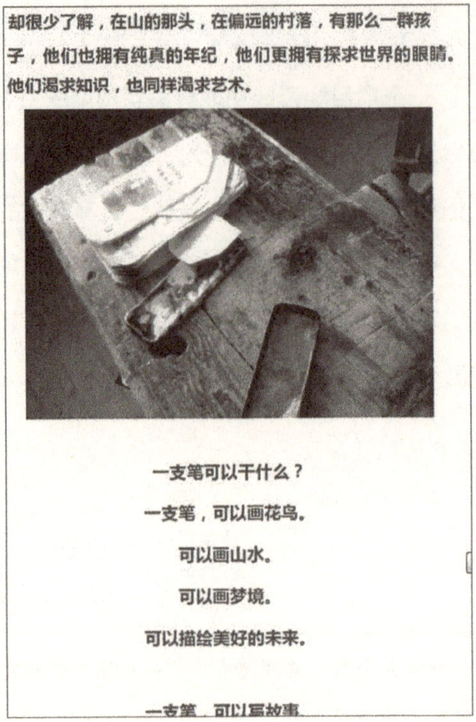

图 3-26 “一支笔”的文案内容

除了用真实的图片和文字来引发人们的爱心，水墨丹心画室所设置的回报也是吸引点之一。他们的回报设置得很诚恳，也不是用物质来衡量的。从图 3-27 中我们可以看出，10 元档位的回报是电子版公益证书，100 元档位的是纸质公益证书、电子版支教照片、水墨丹心支教主题明信片 20 张、孩子手绘明星片 1 张。这些回报都设置得很吸引人，而且电子版的支教照片也可以让捐赠者知道该公益项目的真实性和发展情况，知道自己所捐赠的资金是否落实到实处。

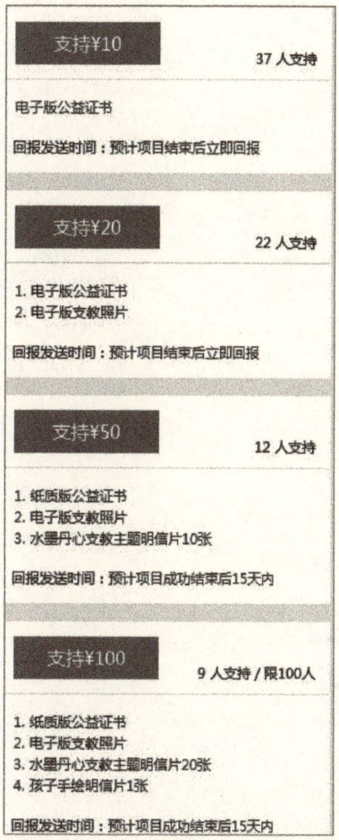

图 3-27 “一支笔”回报内容

在细节处体现真实

高质量的图片或是视频、真挚的文字，是最能体现细节的，因此发起人要在这些细节处把真实感体现出来。用真实的文字、图片、视频去引导投资人，让投资人受到爱心感染自愿投资。真实的图片和视频最能反映受捐者的真实情况，也最能把捐赠原因清楚明白地表达出来，更为重要的是，真实的图片和视频最能引发捐赠人的怜悯，牵动他们的善心，从而使他们产生捐赠的愿望。通过视频、图片、文字等细节将公益项目真实的情况体现出来，不仅能促使项目成功，还能帮助到真正需要帮助的人。

设置诚恳的回报

虽然说参加公益众筹的投资人都是不求回报的，但是如果能加入一些诚恳、有趣的回报，更能激发出人们的兴趣，项目的成功率也会大上一些。公益项目的回报要体现的是受捐助人的诚恳的谢意，而不是物质的回报。可以是一些纪念品，也可以是受捐助者自己制作和生产的小艺术品等，甚至是一张电子感谢信（卡）。例如 2015 年 4 月 25 日发生在尼泊尔的地震，苏宁众筹的公益项目里，设置了不同捐赠档位，无论档位的高低，其中都包含着一张电子感谢卡。其实，对于一个捐助式的众筹项目来说，最为重要的是向人们展示真实的情况，回报的设置只是一个辅助的手段， 表达受捐助者的感谢，也让捐助人因这些回报感到自己所做的事的意义。

公益众筹适合一种全新的思维模式，要想让别人资助你的公益项目，就要懂得如何包装。包装的越好，吸引的人也就越多。

第四章

立项：好的众筹模式成功了一半

众筹项目的第一步就是立项，迈好这一步可以说就成功了一半。立项看似简单，其实蕴含着不少的技巧和要点。什么样的项目才能做众筹，什么样的平台适合你的项目？这些都蕴含着不少的技巧。一个众筹项目能不能成功，关键的就是看商业计划书如何，好的商业计划书可以起到事半功倍之效。清晰的定位也是立项的一大要点；众筹项目蕴含了 3 大因素，就是参与、归属、荣誉。

4.1 合适的项目才有成功的众筹

众筹能不能成功，项目决定了一半，有合适的项目才有成功的众筹，但是什么样的项目才适合众筹呢？我们知道，能众筹成功的项目，创意是不可或缺的，那么除此之外呢？

案例分享

京东众筹项目《罗小黑战纪》就是一个非常适合做众筹的项目。首先，它是众筹领域的传统项目——文化创意型；其次，漫画圈本身就拥有大批忠实的读者，因此该项目本身就拥有一定的群众基础；最后，该项目属于小额项目，设置的档位也是普通大众能接受的范围，如图 4-1 所示。

图 4-1 京东众筹《罗小黑战纪》

《罗小黑战纪》就是因为符合了以上 3 点，所以大获成功。该项目截至 2015

年6月15日，距结束时间还有13天，就获得199 417元的资金，是其设定的5 000元目标金额的40倍，得到了2 475人的支持。换个角度思考，这本漫画书还未推出市场就已经有了2 475个读者，至少有2 475本的销量。

法律禁止的众筹项目

众筹新平台禁止的项目主要有3种：第一，法律严格禁止的项目，涉及黄色、暴力、宗教等；第二，法律禁止的前置审批项目，前置审批项目主要是指需要有关行政审批的项目，例如医疗器械等；第三，对投资人有潜在风险的项目，如食品类项目。目前主要的众筹项目都还集中在科技、艺术、设计、音乐、影视、出版、动漫、公益、公开课、游戏领域。

理想的众筹项目需具备的因素

一个项目合不合适，能不能成功，还需要有其他的因素。产品不能太过专业，必须接地气，换句话说是大部分人需要的、认同的。因为众筹网站上的很多用户对产品都没有做进一步地细分，可能只是单纯地对新奇的产品产生兴趣，而这部分大多数都是普通大众。如果你的产品相对专业且冷门，那就很难引起普通大众的兴趣。

众筹的目的除了筹钱之外，还是“筹人、筹钱、筹资源”，因此，要让投资人明白自己的项目是具备了筹人际关系、场地、智慧、经验、技能这样的资源。

理想的众筹项目，在前期产品设计时，要能满足投资人财务投资，能获得某种回报。比如赠送样品、免费体检、优先试用、VIP会员等。

总之，理想的众筹项目是除了具有创意之外，还要考虑到自己能从投资人身上获得什么，同时能回报投资人什么，甚至是项目之外的回报。这样的项目，既能提高投资人的投资意愿，也能与众筹的社会属性相契合。

4.2 选择最合适的众筹平台

创业者在发起众筹项目之前，先要明确自己明确创建项目的初衷，这是选择合适众筹平台的第一步。比如你是名音乐人、艺术家，那选择以文化类、音乐类、创意型项目为主的网站，但如果你是专业人士，例如电子游戏开发人员、科技人员，就可以选择适合于这类人群的利基网站。同时，也要了解各平台的规则，一般来说，初创业者或是非营利性项目选择的空间比较小。

一般情况下，多数项目的发起者都会直接在众筹平台上宣传造势，但在造势的同时要切记，造势只是项目的一部分，说服陌生的普通大众支持你的项目才是真正的考验。有些项目虽然做好了准备，但却不合适大众的平台，反而需要合适的小众社区。由于每个众筹平台都不同，所以创业者要了解每个平台的优缺点，那些优点是否能帮助你的项目。例如一些发展成熟的大平台已经形成了一个固定的体系，而你的项目却需要量身打造，那么你就可以选择一些小平台。所以你要了解你的目标是什么，然后再评估自己适合哪个网站。

案例分享

Kossel 800 开源 3D 打印机套件是属于创意科技类产品，该项目由一个科技类创客团队所发起，该团队选择了追梦网作为自己的众筹平台。之所以选择追梦网，有三点原因。第一，追梦网作为中国首批创立的众筹网站之一，发展多年已具备一定的信用和群众基础；第二，追梦网的宣称“帮助靠谱的梦想项目者实现梦想所需要的资金、宣传”，其平台是以创意梦想为经营宗旨，与团队的精神相符合。该产品属于创意设计类产品，追梦网的优势就是这一点，两厢结合，效果会更好。第三，追梦网的受众与该产品的受众高度重合，因此追梦网对该产品的接受和认可程度肯定会比其他网站高。

事实证明，他们的选择没有错。项目结束后，他们获得了 374 013 元的众筹资金，获得了 396 人的支持，是当初设定的 100 000 万元的目标的近 4 倍。如图 4-2 所示。

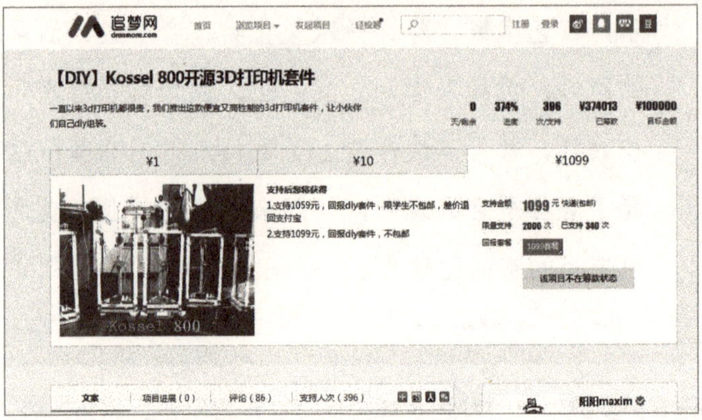

图 4-2　追梦网上的“Kossel 800 开源 3D 打印机套件”众筹项目

给予回报的众筹网站

是否方便沟通：选择某个众筹网站时，要考虑到潜在投资人是否能够轻易找到一个项目并得到联系信息。在筹资者和投资人有没有直接的联系方式，例如 QQ、邮件或是视频聊天。

收费以及运营模式：该网站抽取的佣金是多少？自己的项目被该平台抽取佣金后，还剩下多少的盈利点？该众筹网站的运营模式是孤注一掷型还是有保底回报型。

激励机制：该众筹网站的激励机制是如何设定和执行的？网站是否能提供一些增值服务来帮助自己的项目？

知名度：网站的信用度好不好，总体的评价如何？成功点击率是多少？

用户体验：网站是如何帮助发起人解决项目技术性的问题，是否有帮助页面或是客服中心的链接。

易使用性：选择设计简洁、操作简单的网站。看网站的布局是否符合逻辑，是否能帮助你快速定位，它的投资界面是否友好。

交易流程：网站使用哪种交易工具、支付工具。支付宝？微信？网上银行？

安全性：查看网站是否有进行 SSL 加密。

基于权益的众筹网站

投资者：查看都有哪些初创企业通过该网站获得了资金。网站上又有多少优质投资人。

安全性：是否会保护众筹企业的信息？网站是否是已注册的交易经纪人？有没有投资人保护机制？是如何运行的？

步骤：在该网站发起一个项目都要经过哪些程序？复杂还是简单？

协议：在项目发起前，发起人要签署哪些协议？是否提供法律服务？

不管是哪一个众筹网站，基本上都是给予回报和基于权益这两种模式，因此考虑的问题都是相通的，要多视角的进行考察。

4.3 好项目也要好的计划书

拥有一个好的项目，找到了最合适的众筹平台，也要有一份好的商业计划书。不是说只要去众筹平台上申请，平台就可以让你发起众筹项目。平台也要对每个项目经过考核、分析的。那么如何通过平台的考核，成功发起项目呢？这就需要一份好的商业计划书。商业计划书是企业经营的“兵棋推演”，是用来初步分析创业目标实现的可行性，也是用来评估创业者的管理水平和该项目的发展潜力的，因此，平台和投资人对商业计划书是非常看重的。

4.3.1 写好简介，给人好的第一印象

商业计划书的简介，就像是一把打开众筹项目的钥匙。简介做得好，平台和投资人对项目的第一印象就会好。第一印象的重要性就像我们对人的第一印象一样，第一印象好了，接下来的相处就会变得很容易，众筹的商业计划书也是这个道理。

案例分享

物联传感在淘宝众筹上发起了一个项目，截至2015年6月16日，已筹得资金1 211 583元，获得495人的支持，远超于当初设定的100 000元，而项目离结束时间还剩下40天。从这个惊人的数据就可看出物联传感的这个众筹项目有多优秀。

这个众筹项目名为“梦想之花”，是一款智能家居产品。它之所以能获得成功，与其出色的计划书分不开。不说其他的部分，单是计划书的简介就让人眼前一亮。项目的开头以一张唯美的图片开头，图片上一句简单的“梦想，在今天绽放成花——梦想之花”，就显示出了该项目的品牌观点。它的项目介绍更是简洁有力，没有赘言，却让人一看就知道该产品的核心点，如图4-2所示。

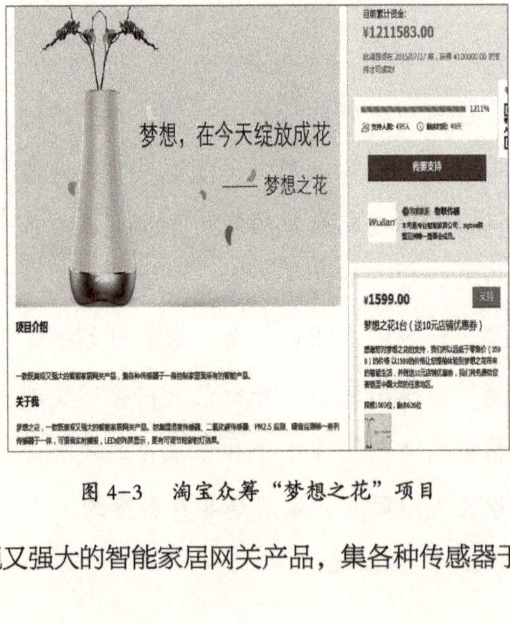

图 4-3　淘宝众筹“梦想之花”项目

“一款既美观又强大的智能家居网关产品，集各种传感器于一身控制家里所有

的智能产品”，用户一看这句话就知道这是一款遥控电器的家居产品。对此有兴趣的投资人就会因为这一句简单的话产生继续浏览的兴趣。

再如图上“关于我”的一段描述， “梦想之花，一款既美观又强大的智能家居网关产品。她集温湿度传感器、二氧化碳传感器、PM2.5 监测、噪音监测等一系列传感器于一体，可语音实时播报，LED 点阵屏显示，更有可调节炫彩射灯效果”。在开头就把产品大体的功能描述了出来，用户对产品有了大概的了解，如果产品中的功能有自己感兴趣的点，它就会更深入地去了解这款产品。

项目简介要简洁、突出核心观点

项目简介一定要简明，洋洋洒洒一大篇，半天看不到重点是最要不得的。好的项目简介都是十分简短的，因为现代人没有那么多时间去看一篇洋洋洒洒的计划书，因此项目简介最好一两句话就能解决。不过简介要简洁，但也要表达出自己的核心观点。要投资人从这一两句的简介中，就明白了该项目的核心观点、竞争优势。

发展前景要写，市场分析要准确

在项目简介中，最好能把该产品的发展前景描述出来，可以叙述该产品目前的需求，以及该项目未来的发展道路。有时，附上一份市场准确、易懂的分析材料，例如一些市场调研得来的结果、一些互联网上得来的大数据等。这样不但能增强该计划书的说服力，还能提高投资人的投资信心。

4.3.2 内容为王

无论是产品也好，还是计划书也好，内容永远是决定胜败的关键性因素。一份好的众筹商业计划书，自然离不开好的内容。

1. 写明项目的优势，增强说服力

想要让众筹平台通过你的项目，那么就要先写明自己这个项目的优势都有哪些，自己的核心竞争力在哪儿，写明自己的优势，才能增强说服力。

案例分享

阿里小智在淘宝众筹上推出的“阿里小智互联 +Wi-Fi 电饭煲”项目大获成功，项目结束后共筹得 9 050 657 元，获得 32 236 人的支持，众筹资金是当初设定的目标 1 000 000 元的 9 倍，如图 4-4 所示。

图 4-4　淘宝众筹“阿里小智互联 +Wi-Fi 电饭煲”

这个项目能获得成功，文案功不可没。创业者团队很懂得如何在文案中突出自己的优势，如图 4-5 所示。这个产品的优势就是通过手机连接 Wi-Fi，就可对电饭煲进行操控，这对于忙碌的现代人而言，是最具有诱惑力的，只要在出门前把米洗好放锅里，随时都可通过手机进行煮饭。例如我们 5 点半下班，需要一个小时才能到家，那么就可在下班前几分钟通过手机操控家里的电饭煲。除了煮米饭之外，该产品还有很多种功能，煮菜、熬汤、蒸鱼、做蛋糕都可行。用户只要下载一个 App，就能随时随地对电饭煲进行操控。

图 4-5　智能电饭煲功能介绍

除了这个产品功能的优势，该项目团队还在计划书中说明了自己的优势。从图 4-6“一个‘玩转饭煲’的萌叔团队”的文章中，介绍了该项目在团队资源上的优势。文章介绍了伊莱特这个企业专注做电饭煲已有 13 年的历史，而且还为此建立了自己的工厂，以这些工厂作为自己的配套和区别于同类企业的支撑。目前，该公司旗下有注塑工厂、五金喷涂厂、线路板厂、模具工厂、发热管厂，还有海外聘请的设计团队。

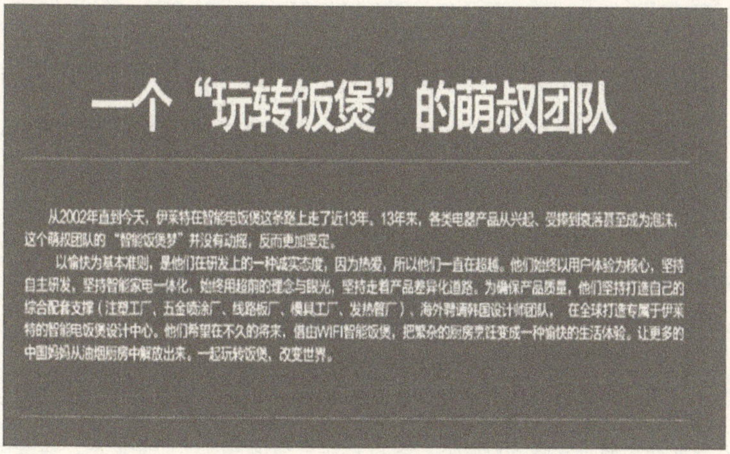

图 4-6　智能电饭煲优势说明

在计划书中，一一点明项目的优点，用这些优点去增强说服力，让投资人看到项目的可靠性，这就是该项目能成功的重要原因之一。

写明自己的资源优势

项目的资源优势在哪儿？如果你的项目是科技类产品，而项目的创办地是深圳，而深圳被誉为“中国硅谷”，是中国科技产业最发达的城市。深圳科技公司林立，具有着其他城市不具有的科技氛围优势，其工艺、设备、人才都是最先进的，在互联网、人才开发方面也都有着丰富的资源，不仅有技术开发人才资源，还有互联网推广资源等。

写明自己的项目优势

写明项目的定位准确性，把项目的运作模式清楚写出来，可行性是多少，有多大市场，能产生多大的社会效益。或是自己的这个项目有多少先天的优势，例如该众筹公司本身在行业内就积累了一定的口碑，有一定的客户积累，品牌效应大，也有专属于自己的宣传渠道。这些都可在计划书上一一说明。

总之，在设计商业计划书时要将自己的优势凸显出来，投资者看到了优势才能说服自己投资你这个项目。

2. 做好市场分析，让投资人看到项目发展潜力

无论进入哪个行业，发起哪种众筹项目，市场分析是必不可少的。创业者在做计划书时，把自己对市场的分析结果呈现出来，让投资人看到，用数据事实去说服他们，比什么都有效。

案例分享

就像是众筹网上发起的一项“大理最美的海景酒店”股权众筹项目，这个项目现在已成功获得116人支持，筹得资金460万元，是设定的目标100万元的4倍多，如图4-7所示。

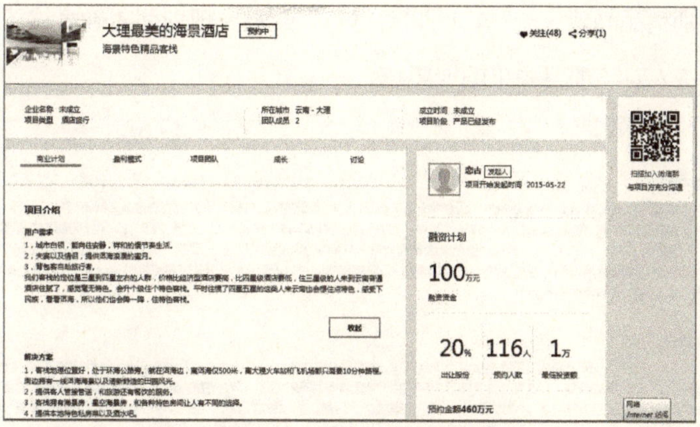

图 4-7 众筹网“大理最美的海景酒店”

这个众筹项目发起方并未成立企业，只是由北京万盛行投资管理有限公司天津分公司总经理耿联军带领个人团队所发起。在没有大企业背景的支持下，耿联军为什么能获得这么多人的支持呢？除了本身过硬的项目实力外，他的项目计划书也是逐其获得成功的因素之一。其他的先不说，在他的项目计划书中，他将市场分析这一块做得非常好。

从图 4-8 中，我们可以看到他将市场分析分为了 3 个方面：第一，需求场景。图中写道：“2014 年 1 至 11 月，大理共接待海内外旅游者 2 498.89 万人次，同比增长 19.14%；旅游业总收入 2 864 576.34 万元，同比增长 22.84%，完成计划数的 93.61%。其中，接待海外人士 749 635 人次……2014 年年终，大理很多海景房的价格达到 2 000 元以上，而且需提前半个月预订。”耿联军通过这一连串的数据表明了大理酒店行业的市场，这比任何的证明更能说服投资人。第二，市场分析。图片中写道：“2014 年，大理共接待海内外游客约 2 400 万人次，旅游社会总收入近 300 亿元，未来 5~10 年还会继续保持 20% 以上的增长速度……”耿联军将云南大理酒店的未来发展情况，市场为什么会对酒店有需求都描述得非常清楚。第三，发展规划。图中写道：“2015 年 4 月项目物业购买已经完成、2015 年 5 月开始装修设计、2015 年 7 月开始装修改造、2015 年 12 月开始营业、未来 3 年力争开设 3 家连锁精品酒店……”，耿联军将未来的发展规划都明确表述了出来，这样可以增加投资人对该项目未来的期望感。

市场分析

需求场景

2014年1至11月，大理州共接待海内外旅游者2 498.89万人次，同比增长19.14%；旅游业总收入2 864 576.34万元，同比增长22.84%，完成计划数的93.61%。其中：接待海外旅游者749 635人次，同比增长15.21%，接待国内旅游者2 423.93万人次，同比增长22.84%。整个大理客栈数量才1000多家，整个行业鱼龙混杂，旅游市场还处于混乱情况。大理的核心价值就是洱海，整个大理全海景的酒店不超过100家，2014年终大理很多海景房的价格达到2 000以上每天，而且需要提前半个月预定。

市场分析

2014年，大理州共接待海内外游客约2 400多万人次，旅游社会总收入近300亿，未来5～10年还将继续保持20%以上的增长速度。2014年的电影《心花路放》和2014年习主席视察洱海彻底激活了大理旅游市场，2014年开始了井喷式的发展，大理出现了20分钟路程堵车5小时的现象，可见大理旅游之火爆。整体旅游行业及当地旅游行业的不断完善与规范，大理州旅游慢生活、小资文艺、休闲的气氛非常适合当下及未来的旅游核心消费群体80,90后。

发展规划

2015年4月项目物业购买已经完成
2015年5月开始装修设计
2015年7月开始装修改造
2015年12月开始营业
未来三年内力争开设3家连锁精品酒店，在大理做大做强，成为大理旅游知名景点

图 4-8 “大理最美酒店”市场分析

要用数据来写市场分析

计划书在平民化的同时，也不能忘却了专业性。无论你用多华丽的辞藻来描述自己的项目，也不如一连串生硬的数据来得有说服力。所以，创业者在做计划书时，一定要运用到确实可靠的数据，用这些数据来说明自己项目的潜力。

不过分渲染，实事求是

写市场分析时，不要夸大自己的产品，不要过分渲染自己的产品功能。众筹现在遇到的一个大难关就是体验尴尬，投资人抱怨产品体验不如预期。之所以出现这种情况，就是某些创业者为了吸引投资人，过分夸耀自己的产品，让投资人产生过高的预期。因此，创业者千万不要在计划书中夸自己的项目产品多么多么好，能帮他们赚多少多少钱。写市场分析时，要实事求是，产品有什么功能就写什么功能，通过正常计算和预测能为投资人赚多少利润就写多少利润。只有这样，才不会因为给投资人过高的预期，从而发生体验尴尬的情况。

好的市场分析可以理清投资人的思路，让他们看到项目的发展潜力，从而增强自己投资的信心。

3. 写明解决痛点的方案，引发投资人的兴趣

一个产品、一个项目受不受欢迎，就是看这个项目或是产品能否解决受众的痛点，只要能解决痛点，这个项目自然就会受到欢迎。不过有些众筹项目的产品，虽然具备了解决某种痛点的功能，但却不表现出来，不让投资人看到。如果这样，即使项目产品的功能再强，也很难众筹成功。所以，在做商业计划书时，一定要写明解决痛点的方案，让投资人看到，引发他们的兴趣。

案例分享

运营帮是国内首款移动运营管理 Saas 云平台，能有效帮助中小企业解决运营两个痛点：一是运营协同难痛点，二是流程执行难痛点。

为了获得帮助产品发展的资金，运营帮团队在众筹网上发起了股权众筹，拿出公司股份的 3% 向投资人融资，团队负责人之一万少海作为发起人。截至 2015 年 6 月 25 日，该项目已成功融资 130 万元，共获得 33 人的支持，投资金额最少为 3 万元。

该项目之所以能获得这么多人的支持，除了项目本身过硬的实力之外，该团队所做的商业计划书也是重点之一。从图 4-9 看到用户需求这一版块。该计划书将产品所能解决的痛点一一列出，让投资人可以从中看到产品发展的潜力。该产品所能解决的痛点是：帮助发展到 20 人以上的中小微企业解决运营管理的问题。第一点，解决运营协同难痛点：当各级管理者无法实时了解多个下属团队任务执行结果和过程时，就会出现业务运营断点、员工关键时刻掉链子的现象。而且也很难发现问题、找出原因，而运营帮就能帮助管理者解决这些问题。第二点，解决流程执行难痛点：

员工在执行流程时，发现缺乏统一的、标准的流程图，流程涉及多个部门，接口多且标准不统一。当执行任务或是出现问题时，各部门之间互相推诿，效率低下。

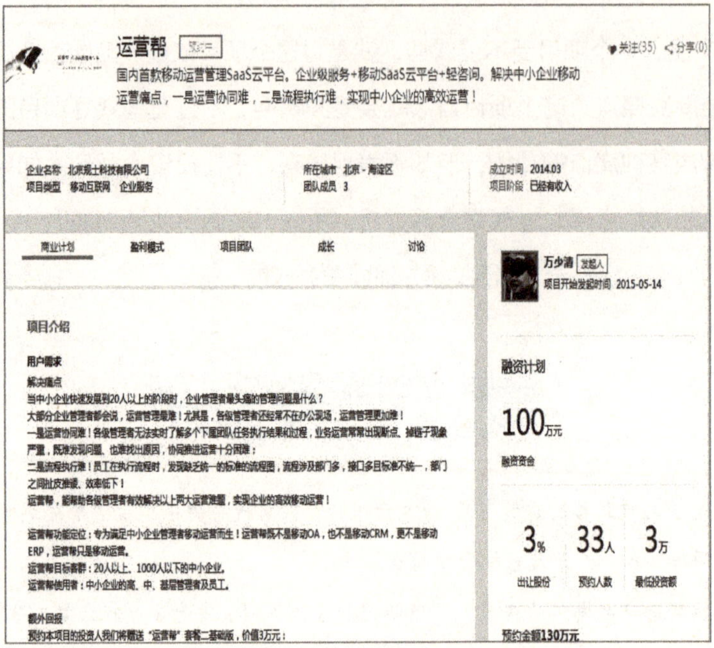

图 4-9 运营帮项目介绍

除了写明用户的痛点需求，运营帮的商业计划书也将解决痛点的方案简要地列了出来。计划书中写道："为了解决中小企业的移动运营痛点，运营帮为用户提供核心功能。第一，帮助中小企业建立起完整的移动运营流程管理闭环（设计、审核、发布、执行、监控、优化），第二，帮助中小企业高效建构自上而下与自下而上相结合的运营执行闭环。通过以上两点，帮助中小企业领导层及中基层管理者在移动中实现企业业务运营的规范化、制度化、扁平化管理。"如图 4-10 所示。

解决方案

为了解决中小企业的移动运营痛点，运营帮为用户提供两大核心功能。

1. 帮助中小企业建立起完整的移动运营流程管理闭环(设计、审核、发布、执行、监控、优化)；
2. 帮助中小企业高效构建自上而下与自下而上相结合的运营执行闭环。

通过以上两点，帮助中小企业领导层及中基层管理者在移动中，实现企业业务运营的规范化、制度化、扁平化管理。

运营帮为用户创造的核心价值：

1. 高中基层管理者实现移动中对下属团队的关键任务结果及过程的高效沟通，解决运营协同难的问题，显著提升企业效益；
2. 公司全员参照业务流程图规范执行，将任务与流程直接匹配，解决流程执行难的问题，在移动中实现企业规范化、流程化、制度化运营。

截止2015年5月3日，运营帮已有5 000多家中小企业用户下载并使用。

同时，运营帮能为用户带来三大未来竞争优势：

1.突出体现“移动流程型组织”特征，运营帮全面实现基于移动端的流程共享、扁平化组织与自我管理理念。
2.作为工业4.0架构基础上的企业移动运营管理平台，运营帮能在移动端无缝对接ERP、CRM、OA、SCM等企业信息系统，为制造业实现工业4.0奠定智能化的核心业务运营平台。
3.适应移动互联网由“个人互联”向“企业互联”转移的趋势，在运营帮上彻底实现了企业与企业之间、行业与行业之间在移动端的业务流程互联共享。

收起

图 4-10 运营帮解决方案

一针见血地指明市场痛点

在写市场痛点时，要一针见血。痛点不需太多，两三个就足够，甚至一个也行。只要这个痛点能有一针见血、直击用户心脏的效果。把这样的痛点写出来，不只是投资者能看到市场发展的潜力，就是普通用户也会在产品推向市场后自行购买，无形之中，为产品带来了前期的销量。

简明扼要地提出解决方案

指出市场的痛点之后，最重要的还是要提出解决痛点的方案。要把产品如何解决痛点的方案写出来，因为众筹项目版面的原因，肯定无法将详细的方案写出来，所以，在写解决方案时要简明扼要，用最简短的文字表现出整个解决方案的精髓，让投资人有个大概的了解。

一个好的商业计划书，不只能将市场的痛点点出来，还要写出解决痛点的方法，这样才能引起投资人的兴趣。

4.3.3 把握好文字、图片、视频 3 大要素

项目文案，也就是商业计划书。要想让你的项目吸引人，文案是很重要的。好的文案无论要表达什么样的内容，都离不开 3 大点：文字、图片和视频。这是最直接的视觉感官，运用好这 3 点，才能让自己的项目更吸引人。

案例分享

丽雅约定在众筹网发起的一个“2015 年让我们一起在韩国过年”项目，这个项目的主题是“2015 年婚约文化之旅”，内容包括新婚夫妻体验韩国婚礼，还有文化体验之旅，比如泡菜和大酱汤等韩国经典菜肴的学习。项目结束后获得 27 次的支持，筹得总资金 505 680 元，比原先设定的目标资金 250 000 元多了一倍。如图 4-11 所示。

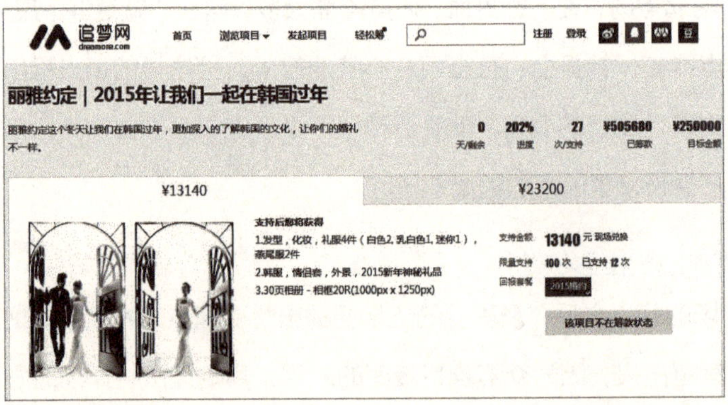

图 4-11 追梦网“丽雅约定，2015 年让我们一起去韩国过年”

这个项目之所以能获得成功，与他们出色的文案分不开。文案主要运用了 3 个要素，文字、图片、视频等。

从图 4-12 来看，它将文字的魅力完全表现了出来。因为主题是婚礼，所以使用的词语都比较温馨，符合婚礼喜庆、甜蜜的感觉。文案的图片运用的也恰到好处：首图体现出了韩国的特色；次图则是丽雅约定自己拍摄的婚纱照宣传照，其他的则

是韩国的文化图片，例如各种韩国美食的照片，丽雅约定还将视频加到文案当中（见图 4-13）；视屏的内容是新婚夫妻在韩国拍摄的婚纱照，都是真实的记录。

图 4-12 丽雅约定图片、文字设计

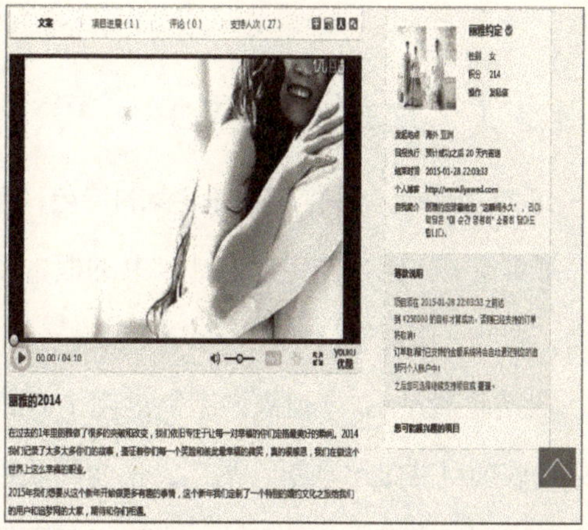

图 4-13 丽雅约定视频

动态的视频、真人实地的拍摄，弥补了文字和图片所欠缺的动态缺憾，使整个文案更加的真实、可信且更有吸引力。

不要使用过度夸张的文字表达

众筹项目要想获得成功，第一个要素就是要给人以信任感。过度夸张的文字会让投资人产生“老王卖瓜，自卖自夸”的感觉，所以太过浮华的文字最好不要使用。同时，在表达方面，要符合项目主题的定位。如果项目的主题定位是温馨、暖心风格，那么选择词语和表达方式时就要往这方面靠拢；如果项目的主题是时尚、潮流，就可选择一些轻松活泼的表达方式，也可使用一些网络潮语。

图片要体现出项目的特色

图片绝对是让投资人对项目产生兴趣的最主要因素，人都是感官动物，好看的图片才能让投资人产生兴趣。图片的清晰度很重要，图片清晰了才能体现产品的细节，同时图片要体现出产品的特色。除此之外，图片的真实性也非常重要，特别是一些公益众筹项目，只有真实的图片才能让投资人产生信任感。

每个文字、每张图片、每个视频都有其独特的功能，能否让这三个要素为自己的项目加分，就看制作文案的人是否能把握好他们的使用技巧了，用得好自然能锦上添花，推动项目的成功。

4.3.4 众筹计划书必不可少的通用要素

每个项目的计划书，都有自身的特色，但是有几个通用要素，是每个项目计划书必须具备的。因为制定商业计划书的根本目的就是要清楚明白：创业者需要多少资金，为什么值得进行该笔资金的投资。

大致可通过 10 个点来说清楚这两个问题。第一，摘要。让读者能在最短时间内评估该项目并做出判断。第二，企业和项目的介绍。这一点在前文已有表述，无论你的计划书有多少特色，这一点是必不可好的。第三，产品和服务介绍。重点是介绍新技术、新工艺或是新的服务能带来怎样的新发展，能给投资人带来怎样的收益。第四，市场需求。写明当前的市场需求量，未来市场需求量会逐步上升还是下降。第五，市场销售渠道。如果是产品众筹，就要写明该产品日后的线下销售渠道有哪些，是专营店还是专柜，各大电商网站是否有销售。第六，产品和服务的定价策略。在市场的波动中，企业最重视的是现金的收支，流动的资金比利润更为关键。第七，发展战略以及风险分析。众筹企业的未来发展战略是如何制定和规划的，把该项目的风险写明。第八，企业管理。写明众筹企业是如何管理自身企业的，众筹后又是如何进行管理的。第九，要把重点花在销售预测以及财务预测方面。第十，其他需要注意的事项，如对投资人的要求等。

4.3.5 众筹项目计划书的独特性

众筹项目的商业计划书与传统融资项目的商业计划书不同，有其独特的地方。在传统融资计划书中不需要体现出来的东西在股权众筹项目的计划书就要体现出来，例如招股说明书的结果、要点、披露的范围等，如图 4-14 所示。

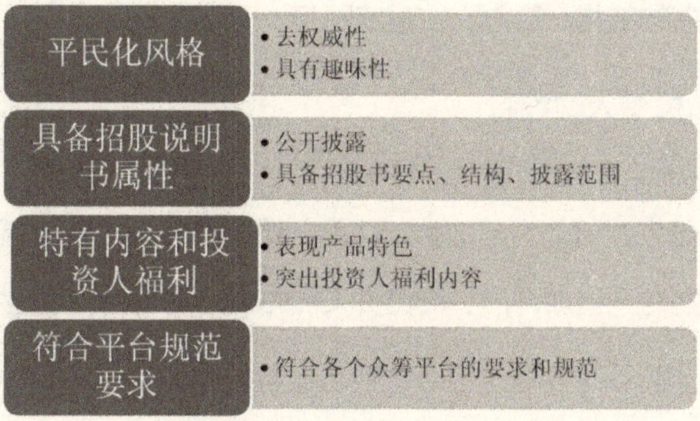

图 4-14 众筹项目计划书的独特性要点

平民化的风格

目前在股权众筹平台上的投资方都是以个人为主，平台运作方式上也表现出平民化风格，大多数的商业计划书都设置得非常简单，具有去权威化的特点。因为如果一味地按照传统的投资基金经理的标准去完成一份商业计划书，是很难引起投资人兴趣的。因此，某些众筹网站开发项目时，不会要求发起人提供一份像传统投资机构那样严谨的商业计划书，也没有把商业计划书放到网站上供投资人下载或是审阅，而是把最重要的核心关注点和精髓抽取出来，做成可读性和视觉效果更好的材料，赋予更多的移动阅读和美术体验，最重要的是，众筹股权商业计划书更注重阅读的趣味性。正经的商业计划书对于那些缺乏经验的个人投资者而言，看懂它们是非常困难的，他们更乐意对于自己感兴趣或是熟悉领域的项目进行投资尝试。众筹的门槛投资低，一旦成功，收获和趣味无穷。

具有招股说明书的属性

如果是股权众筹，则该计划书要具备招股说明书的属性。招股说明书是就融资或是发行股票中的有关事项向公众做出披露，并向非特定投资人提出入股邀约性的文件。股权众筹的商业计划书其实就是一份招股说明书。传统上的商业计划书是向少数特定投资人进行融资或是因为其他目的而制作的文件，而招股说明书则是用来公开融资招募股东而制作的文件，因此股权众筹也必须具备这一性质。计划书中必须包含招股说明书的结构、要点、披露范围等。

特有内容和投资人的福利

众筹项目的产品设计要有特色才能吸引投资人参与， 所以计划书中一定要把产品的特色表现出来，例如产品的特定功能，给予投资人的特色福利，包括但不限于向投资人免费赠送一些新产品、给投资人优先试用的机会，或是提供特别 VIP 待遇等，让投资人能从计划书深刻地感受到认识新产品的作用和意义，并通过有关投资人的社会资源扩大新产品的影响力，开拓销售的渠道。

需要符合众筹平台的要求与规范

股权众筹一般都是通过平台来进行的，因此要充分利用到平台的标准化服务，利用到平台所提供的广泛资源型群体，这其中就包括遵循商业计划书的要求以及规范。每个创业者对于项目的表述角度和详略侧重都不同，通过平台，就能有一致的规范。一个项目能否成功，不但是因为项目本身，也取决于平台的传播和背书属性。因此。众筹平台的商业计划书要具备方便在线浏览和传播的特性。同时，也要注意到，众筹平台是一个互联网在线平台，项目方要随时更新、补充项目资料，保持重要事项的同步更新。内容可以是产品信息、团队变化、市场反馈、投资人的评价和互动、融资的进展等。最新的资料和及时的互动，可以加深投资人的信任感。

众筹的商业计划书与其他商业计划书不一样，有其独特性。因此，创业者不可把众筹项目的商业计划书当作一般的商业计划书来写。

4.4 定位要清晰，才能找到合适的众筹人

定位这个词，对每一个行业、每一个企业都是非常重要的。定位清晰，企业的发展方向才会清晰；定位清晰，要拉拢的目标消费群体才会清晰。众筹项目也一样，定位清晰，才能找到合适的众筹投资人。

案例分享

众筹平台追梦网“Summer 的 365 天”是一部创业实录，原先这只是一家普通的花店，有几个年轻人合伙组成，现在准备将之改造成专属花艺咖啡。这家花店做得很成功，拥有很多忠实的粉丝，因为老板都是年轻人，所以花店的经营定位就是年轻时尚，独立设计的潮流时尚包装，颇受年轻人的喜爱，其中有很多明星名人，如今花店已经拥有了 5 万名忠实粉丝。花店成立两年后决定改造，并将改造的过程拍摄一部纪录片，该纪录片的拍摄内容主要是花店的故事，时间长达 1 年，也就是 365 天，如图 4-15 所示。

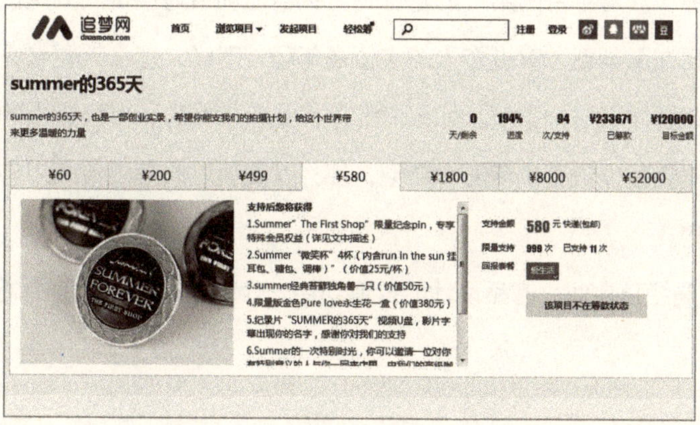

图 4-15 追梦网“Summer 的 365 天”

为了筹到拍摄资金，并引起更多人对影片的关注，Summer 团队在追梦网上发起了众筹项目。之所以会选择追梦网，是因为花店的定位就是年轻、时尚、独立、充满梦想。因此，这个众筹项目的定位也是年轻、时尚、独立、充满梦想，与追梦网的定位也是一样。追梦网的用户都是一群年轻时尚，充满朝气和梦想的年轻人，所以很符合该众筹项目的目标群体定位。

项目结束后，总共获得 94 人的支持，筹得资金 233 671 元，是目标资金的两倍。这个众筹项目之所以能获得成功，很大的原因就是因为它对自己的定位够清晰，找到了与自己定位一致的目标群体。

建立与企业定位一致的众筹项目

如果要找到合适的投资人，首先要建立一个有着清晰定位的众筹项目。如果是企业发起众筹项目，那么这个项目的定位就要与企业一致。这样才能通过企业的影响力让众筹项目获得成功，反过来，与企业定位一致的众筹项目也能帮助企业获得一批符合目标客户群的投资人。因此，要想找到合适的投资人，就先要建立与企业定位一致的众筹项目。

了解众筹发起平台的用户是否和项目目标群体定位一致

如果想找到合适的投资人，让项目用最快的速度获得成功，那么在发起项目之前，就要看看该众筹平台的用户的定位是否和自己项目对投资人的定位是一致的。如果你的项目注重创意，对投资人的定位是年轻、时尚，那么就要看看该项目发起平台的用户是否属于这一类型。如果你的项目是股权众筹，对投资人的定位是以有经济实力、对金融投资有了解的 VC 型，那么就要看该众筹平台的用户是否存在着这么一群用户。

定位，是经营企业、产品设计的首要条件，众筹也一样，定位清晰了，才能知道自己要什么，要找什么样的投资人，这样才能提高众筹项目的成功率。

4.5 把握参与感、归属感、荣誉感，才能让项目吸引人

如何才能做好一个众筹项目？第一点就是要让项目具备参与感、归属感、荣誉感 3 大要素。只要具备了这 3 个要素，项目自然就能吸引人。

4.5.1 参与感

什么是参与感？其实很好理解，其实就是与小米公司强调的参与感一样，就是让投资人参与进来，并成为项目的一部分，而不只是简单的投资人，到期就收回报。让投资人获得参与感，对于一些餐厅、咖啡厅的众筹项目尤为重要。

在广东有一家比逗餐厅，它在大学生群体中有着很高的知名度。这家通过众筹成立的社交餐厅，如今已发展到了 5 个分店。餐厅的创始人是一名来自衡州的 80 后小伙，名为范立瀚。如图 4-16 所示。

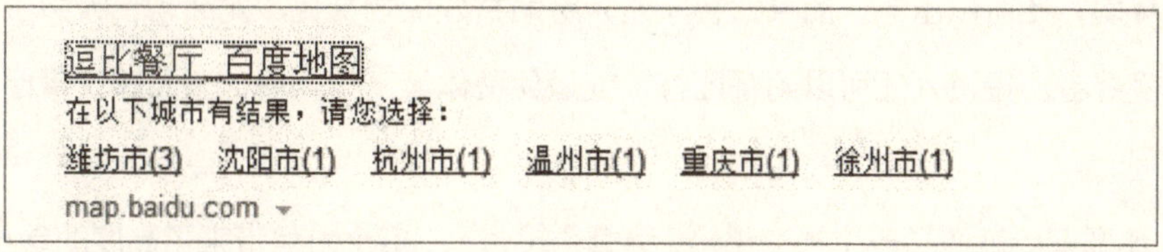

图 6-16 逗比餐厅 5 个城市的分店

第一家餐厅的投资预算是 100 万元，但是团队只筹到了 50 万元，还有 50 万元的资金没有着落。于是范立瀚就想到了众筹的方式，通过微信、微博等社交媒体，在广州各个高校中招募股东，目标群体都是大学生。短短一个月的时间，就有 170 位大学生加入了比逗餐厅，成为了股东。如图 4-17 所示。

图 4-17　比逗餐厅如今在大众点评网上的评价

为了让项目获得更大的成功，也为了激发后续的口碑效应，范立瀚把参与感发挥到了极致。他让这些大学生投资人成为餐厅成员之一。每个股东都可以为餐厅提供自己的建议，例如股东中有一个华南农业大学的学生，他成为股东之后，还和餐厅合作运营了一个项目。餐厅划出场地给学生种植植物，这些植物既可以点缀餐厅，美化环境，还可以出售。而且，餐厅还会定期举办植物文化沙龙活动，吸引了很多植物爱好者。投资人还可以到餐厅打工或是免费体验工作环境，全面感受餐厅的运作流程。

比逗餐厅就像是一个社交平台，给每个投资人、每个粉丝带来了高度的参与感。它一方面让线上的消费者到餐厅进行他们的线下兴趣活动，另一方面主动以分享的形式，吸引更多线上线下的人参与到其中。每个股东都是这些线上线下活动的宣传员，通过他们自身的力量帮助餐厅吸引人气。这些股东都是年轻人，他们的思维碰撞后会激发出新的火花。进入餐厅后，经常会在拐角遇见惊喜，例如一个充满趣味的格子铺、一个情调别致的清酒吧，这些都是餐厅运营后投资人给出的建议。

现在，比逗餐厅的发展越来越好，分店开了一家又一家，这些成功离不开范立瀚对参与感的充分把握。

让投资人为项目多出力

投资人就是该众筹项目的老板之一，一个老板要是光出钱不干活，他就不会觉得这个东西是自己的。这个老板为项目做的事情越多，他就越在意项目的成败，越觉得这个东西是自己的。这就是参与感，它非常重要，一个不出力的人，对项目不会有真正的认同。特别是餐厅、咖啡厅的众筹项目。

与投资人全程互动

在项目的进行过程中，与投资人全程互动是非常重要的。如果是股权众筹项目，如果有领投人就通过领投人向跟投人发布一些项目的信息；没有领投人则可直接向投资人发布一些项目信息；无法在平台上互动的，则可以通过短信、微信等方式。如果是产品众筹项目，可以在众筹平台上发布一些项目的发展情况。众筹完成后，如果有产品设计这个流程，则可以收集一些投资人的意见，把他们的建议融入到产品设计中。

参与感是小米提出来的，而且它也通过参与感获得了成功。从这种意义上说，小米也是一种变相的众筹。因此，创业者如果能把参与感把握好，那么项目的成功机会就会大许多。

4.5.2 归属感

什么是归属感？通常我们用这个词语形容家，那如何用这个词来形容众筹项目，众筹项目又如何才能让投资人产生归属感呢？其实，归属感也是通过参与感来的，让投资人参与到项目的各个环节中，才能从参与的过程中产生归属感。我们为什么会对家产生归属感，不只是因为我们成长、生活在那里，也是因为我们在这个过程中为“它”付出了许多，参与到“家”的方方面面，众筹项目也是这个道理。

案例分享

印象湘江也是一家通过众筹而来的餐厅，在众多众筹餐厅中，可以算是成功的代表，现在第二家分店已经准备开业。如图 4-18 所示。

图 4-18　印象湘江

印象湘江位于长沙世纪城，由 88 个股东众筹而成，每个股东投资 1 万 ~5 万元。第二家店也是通过众筹而来，而且股东比第一家店更多，有 103 个投资人成为该餐厅的股东，两家餐厅的众筹资金达到了 400 多万元。餐厅的定位是大众，人均消费只 50 元左右，食材新鲜，装修也非常有特色，很符合当下餐厅发展的潮流。股东吃饭可以享受 7.5 折的优惠。此外，餐厅的运营模式是 O2O，店内有各种野生的食材，比如新鲜的云南板蓝根，消费者可以线上购买，然后在家享用。餐厅开业 3 个月后，股东每月就能分到投资的 5% 的分红。

餐厅的发起人名为牟跑强，他表示参与众筹的股东多是以 70 后和 80 后为主，多半都是企业高管、个体老板和中小企业主，资源比较丰富。他们除了投资餐厅，成为股东，也把餐厅当作一个能放心吃饭、能广交好友的、有家的归属感的地方。同时，他们会根据自己多年的社会经验，给餐厅提出很多好的建议，包括装修、运营、食材的选择等。

很多投资人都表示，印象湘江带给自己的不但是物质上的收获，还有一种“家”的归属感，在这里他们可以畅快吃饭、畅快地聊天。在这里，很多投资人和发起人成为朋友，很多原先互不相识的投资人也成为能经常聚在一起吃饭聊天的朋友。

让对方对项目产生感情

如果要让投资人对自己所投资的项目迅速产生归属感，那么就先要让投资者对项目产生感情。那么如何才能让投资者对项目产生感情呢？发起人可以经常给投资人发送项目进展的信息、项目的具体情况。如果是股权众筹，则可以在众筹成功后，将各股东联系起来，参加一些线下活动，例如吃饭等。这样，时间一久，投资人对所投项目所看重的就不单单是利益，还有比利益更重要的情感。这样投资人也会更愿意帮助项目得到更好的发展，例如主动宣传等。

通过参与让投资人产生归属感

归属感产生的前提条件是投资人要参与进来，从参与中获得归属感。这是一个渐进的过程，有了参与感，自然就会有归属感。例如一位投资人用相同的资金投资了 2 个项目，对其中一个投资后他就没有关注过，只是偶尔看看项目进行得怎么样，成不成功；对另一个他却全程参与了进去，给项目提供建议，帮助项目做宣传。那么这位投资人对后者的感情肯定会比前者深，他会更在意后者未来的发展。谁不会在意自己付出了心血的东西呢？

与参与感一样，归属感也是项目成功不可或缺的因素之一。这一点，无论是在项目发展过程中，还是项目结束后，都是发起人需要牢牢把握的。

4.5.3 荣誉感

什么是荣誉感？就是让投资人以自己投资的项目为傲，让他们觉得自己是这个项目的投资人之一是一种非常值得骄傲的事情，成为这一项目的股东很有面子。

案例分享

京东众筹上的《这条路》众筹项目的发起人张力，就将荣誉感这一点把握得非常好。他从事足球相关的工作已经有十几年了，对足球有着疯狂的热爱，多年的工作也让他对足球有着非常透彻的了解，因此他决定出一本关于德国足球的书——《这条路》。为了筹集资金，以及宣传，张力选择了众筹。

项目结束后，共得到2 132名投资人的支持，筹得资金137 743元，与原先设定的10 000元目标多了十几倍。这个项目之所以能得到这么大的成功，得到这么多投资人的认同，就是因为他们从这个项目中得到了荣誉感，如图4-19所示。

图 4-19 京东众筹《这条路》

在中国有很多热爱足球的球迷，德足的粉丝更是占据了其中很大一部分。这本书写的就是德足，如果能为自己喜爱的德国足球贡献一份力量，对于德足的粉丝来说是无比荣耀的。而且张力本身也是很受他们喜欢的德国足球解说员，所以，他们也很期待他所出的这本书。

除了成为这项目的投资者，这些德足的粉丝们还成为了这个众筹项目的推广人，通过自身的资源让张力的这个项目在项目结束前获得更大的支持。可以说，这个项目之所以能筹得超过目标资金十几倍，与这些前期投资人的帮助分不开。同时，这个成绩也让这些帮助推广的投资人深深地感到骄傲，因为这其中有他们的一部分。

让投资人的名字出现在项目上

要想让投资人产生荣誉感，最好的方式就是将投资人与项目紧密的联合在一起，让投资人成为这个项目的一部分，让大众都可以看到他，知道他。这一点经常出现在出版众筹中，很多图书项目的发起人都会把投资人的名字打印在书中，让投资人成为图书的出版人，也让读者知道这本图书之所以能够成功，是因为这些投资人的支持。而投资人看到自己的名字出现在全国发行的图书上，也会觉得这是一件特别有“面”的事。就像是英国诗人蒲柏的《伊利亚特》案例，他之所以能获得 576 名读者的支持，有一部分的原因就是答应读者把他们的名字列在早期的《伊利亚特》翻译上，让这些读者也成为这项伟大工程的创始人之一。这种荣誉感，是比承诺任何物质回报都要让支持者心动的。

让投资人以项目成功为荣

项目的成功与投资人的支持离不开，一个众筹项目成功了，投资者也会感到高兴。因此，发起人要把项目的成功与投资人紧紧地联系在一起。例如一个项目到了后期，新进的投资人越来越少，此时离成功只有一步之遥。那么发起人就可让前期投资人帮助自己，例如让他们用自己的资源为项目做宣传，获取新的投资人。

项目成功后，这些前期投资人就会产生比普通投资人更好的荣誉感，因为他们会觉得："如果这个项目没有我们的帮助就夭折了！"此时，他们会觉得自己的存在感得到了提升。

4.6 上线项目按着流程走，很简单

很多人都以为发起众筹项目很困难，其实不然，只要按照各个平台的流程走就可，既简单也不容易出错。那么上线众筹项目，都要走哪些流程呢？

每个众筹平台都有每个平台的流程模式，但是大体的流程模式是相同的。主要分为 3 个阶段。第一阶段为准备阶段。这个阶段的内容包括发起人发起项目申请，众筹平台对申请项目进行审核。第二阶段为融资阶段。这个阶段的内容包括发起方进行项目展示；投资人对项目进行评估，确定投资后，投资人进行资金支持；平台方进行筹资管理，项目完成后平台向发起方收取佣金。第三阶段为经营阶段。项目成功后，发起人就可得到所筹资金，然后对项目进行经营，在规定时间内向投资人发送回报，众筹平台会对项目经营的过程监督，如图 4-20 所示。

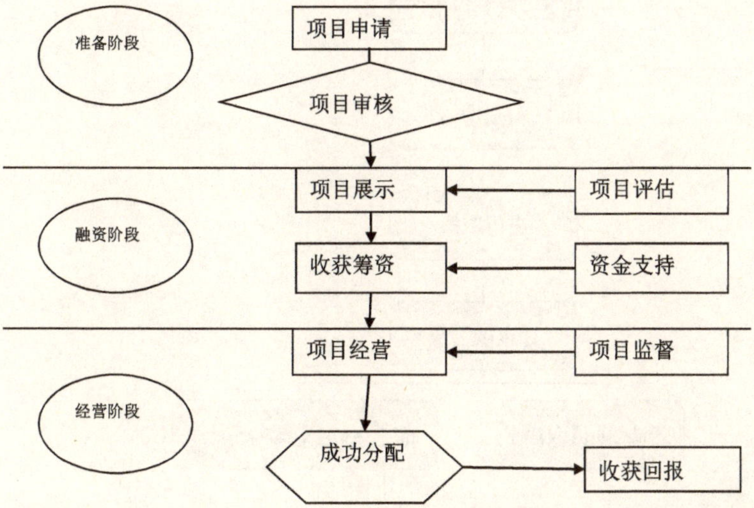

图 4-20　众筹项目上线的一般流程

每个网站都有每个网站的流程，因此，发起人除了要把握大体的筹资流程外，对一些感兴趣的、大型的、口碑好的众筹网站也要有所了解，特别是与自身定位相符合的一些众筹网站。例如京东众筹，如图 4-21 所示。

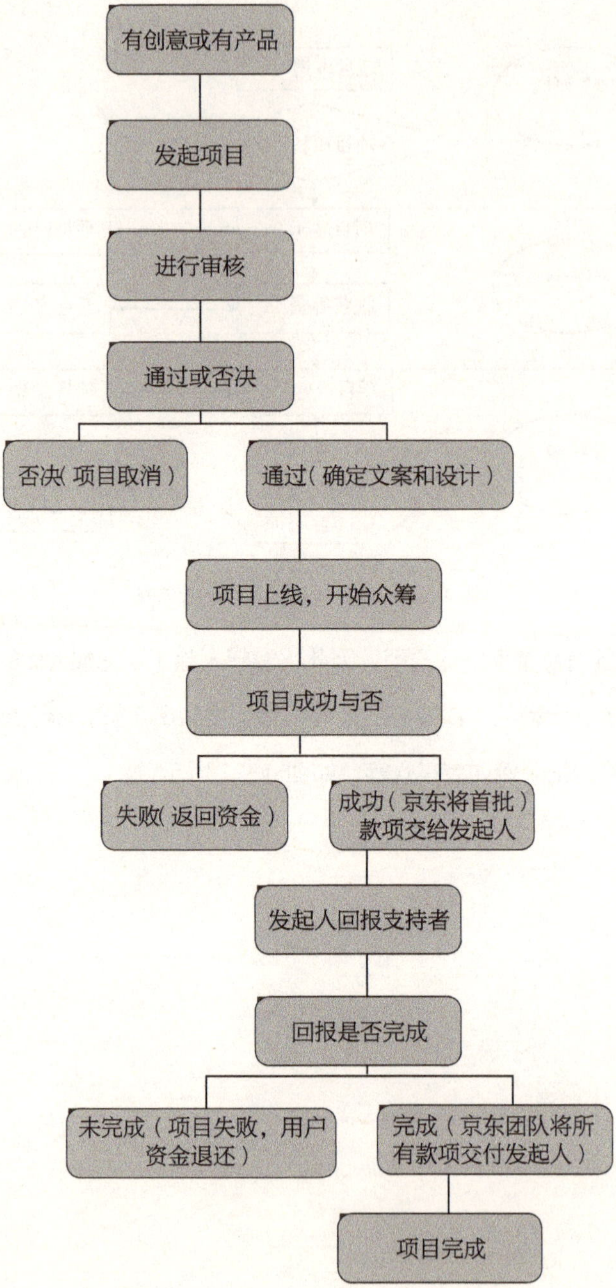

图 4-21　京东众筹项目上线流程图

第五章

推广：把你的众筹告诉每个人

想让更多的人知道自己的众筹项目，就要懂得推广，通过推广的方式把你的众筹告诉每个人。推广的方式有很多种，例如社交媒体，微博、微信、人人网、豆瓣网、各大论坛都是创业者营销推广的好渠道。与支持者培养感情，让他们成为自己忠实的支持者，之后就可利用人的力量来帮助自己快速完成众筹目标。

5.1 在社交媒体上发布众筹项目信息

众筹也需要推广，创业者如果想让更多的人知道自己的众筹项目，吸引更多的投资人，那么推广是必用的手段。如今是互联网时代，所以通过社交媒体来做推广，是最直接有效的一种方式。

5.1.1 微信，众筹人的营销新天地

微信，可以说是新型的推广武器。无论是跨国性的大企业、大品牌，都会通过微信进行推广。微信之所以受欢迎，就是因为它的效果非常好。微信朋友圈的传播能力是非常惊人的，一篇文章一旦分享，就能达到一传十、十传百、百传万的效果。因此，众筹人也应该懂得利用微信朋友圈来进行推广，让更多的微信用户了解到你的众筹项目。在几亿的微信用户中，总有一部分就是你的潜在投资人。

案例分享

2014 年的圣诞节，一家以游戏众筹为主要运营项目的众筹网站筹趣网站发起了一个名为“筹梦想，筹话费”活动，该活动的宣传效应远远地超出了活动预期，甚至被称为“神活动”。该活动席卷了整个朋友圈，从一线城市扩散至二三线城市，有数百万的微信用户加入到了众筹话费的队伍中。在筹话费的同时，有些用户还利用微信朋友群，建立了个人的熟人或者陌生人的“筹话费互助群”。活动上线 24 小时内，筹趣网的互动微信服务号的粉丝数量激增至 10 万人筹趣网的数据显示，截至 12 月 28 日，通过微信筹话费活动导入的数据是 PV430 万、UV100 万、微信粉丝数突破 25 万。该众筹活动，之所以能起到这么大的效果，就是因为筹趣网很好地把握住了微信营销的技巧。如图 5-1 所示。

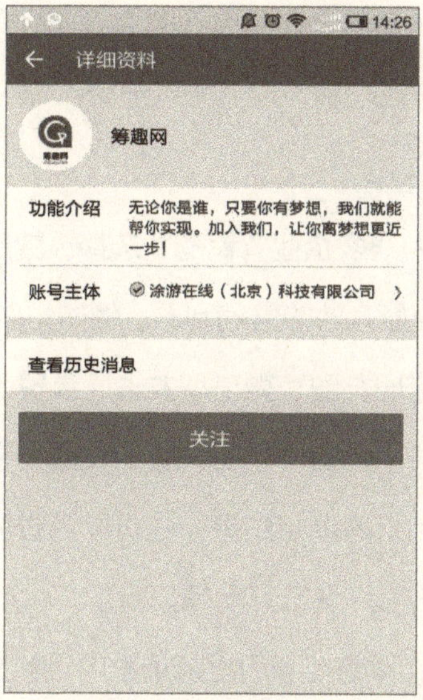

图 5-1　筹趣网微信公众号

在活动设定刚开始筹话费阶段，用户可以通过微信朋友圈的分享功能让自己的微信好友了解该活动的信息，然后利用微信朋友群功能建立筹话费的群，与好友一起加入到众筹话费的队伍当中。该活动的玩法也很简单，用户分享完文章后，好友只需要点赞支持，用户就可获得 8 元话费，但无须支付现金，筹集成功后，金额由筹趣网官方提供。

此项活动能够如此成功，微信营销的技巧把握是活动成功的主要因素。以筹款 100 元为例，支持者在初期每次点赞都可获得较高的筹款金额 8 元 ~10 元不等，越接近目标金额 100 元，点赞支持所获得金额就越小。在初期给用户造成一种筹款很快就会成功的心理预期，让用户疯狂地将活动分享到自己的朋友圈，从而让筹趣网通过朋友圈这种疯狂分享功能，将活动发挥出最大的效应。

建立自己的微信公众号

创业者如果想通过微信来推广自己的众筹项目，那么首先就要建立一个属于自己的微信公众号，通过这个微信公众号的功能来推送一些项目的消息，吸引微信号的粉丝。每一个用户都是潜在的投资者，创业者可以通过微信号定期发送关于众筹项目产品的信息，让粉丝一步一步地对自己的众筹项目有所了解，当粉丝通过微信文章对你的众筹项目产生兴趣之后，你就可以把粉丝导入到自己的众筹项目中。

充分利用微信的各项功能

微信如今之所以会成为众多企业营销的新选择，就是因为微信的各个功能都非常强大，每一个功能都成为最有效的营销利器。例如微信摇一摇、扫一扫、漂流瓶、附近的人、微信红包、微信朋友圈、微信朋友群、点赞等等，这些都可以帮助创业者为自己的众筹项目做宣传。例如可以在微信朋友圈分享关于众筹的消息，通过点赞有礼功能吸引好友参与到众筹项目中来，也可以通过漂流瓶发布一些众筹项目的信息，与捡到漂流瓶的微信用户进行互动等。

相比于其他营销工具，微信能吸引更加精准的目标投资人。因为微信是一个由熟人而组成的圈子，每个人对自己熟悉的人的信任度都较强，推广的转化率之高是其他营销渠道可望而不可即的。因此，创业者如果想通过微信为自己的众筹项目做推广，就要把握住这一特质。

5.1.2 微博，一个引发光速传播的神奇工具

微博的推广效应有多强大，想必大家都从一些现实案例中知晓了，毫不夸张地说，微博就是一个能引发光速传播的神奇工具。微博有两个特点：一，不管优劣，人人都能写上个几条；第二，可以被无限制地关注，人人都可以随意转发互动。这两个特点作用出了三个结果，第一，信息传送变快，一条信息可以几何级数被传播，初期几乎每分钟就能达到每一个用户。第二，受众足够多，先不说几亿的微博用户，单是每个企业的粉丝都会聚集在其中。第三，通过微博影响用户比其他方式更加直接和容易，因为微博是舆论导向的掌控地。这三个结果对营销至关重要，能在最短的时间内，把信息告诉你的用户。微博强大的推广效应，也被各个众筹人所看重。很多创业者为了吸引更多的潜在投资人都会在微博上做推广，甚至有些人直接就在微博上发起众筹项目。

案例分享

黑马运动会可以说是微博众筹推广的好手，它的成功很大一部分原因就是微博。2014年3月，由北京创业家传媒主导的黑马运动会被称为“史上最不靠谱的运动会”。这场运动会调动了中国商界所有能够调动的活跃力量，截至2014年2月24日晚12点，就已经有2 000多选手报名参加此次的运动会，就连国际车企克莱斯勒在新浪微博上都表示要赞助，项目结束后就吸引了3 000多人参加。

这场运动会最初就是在微博上发起的，活动的发起人《创业家》杂志在微博上发起活动后，全程微博直播该运动会的消息。同时在微博上与所有的互动的创业者、企业家进行互动、呼吁他们参与到该互动中。例如，2014年2月24日《创业家》杂志发了有关黑马运动会的微博信息后@著名企业家王石，呼吁他参与到黑马运动会中。王石在收到消息后也发微博表示参加黑马运动会，《创业家》杂志也及时转发了他们的微博并进行回复“深情、热烈呼唤珠穆朗玛峰选手”。《创业家》杂志在微博上呼吁各路大神加入到该活动中，刘强东、李彦宏、周鸿炜、谢小平、余敏鸿、江南春各大商界大佬也在微博上一一做了响应，如图5-2、图5-3所示。

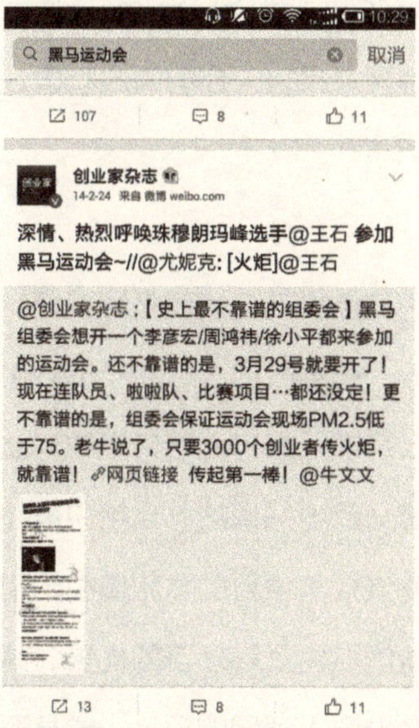

图5-2《创业家》杂志在微博上与王石互动

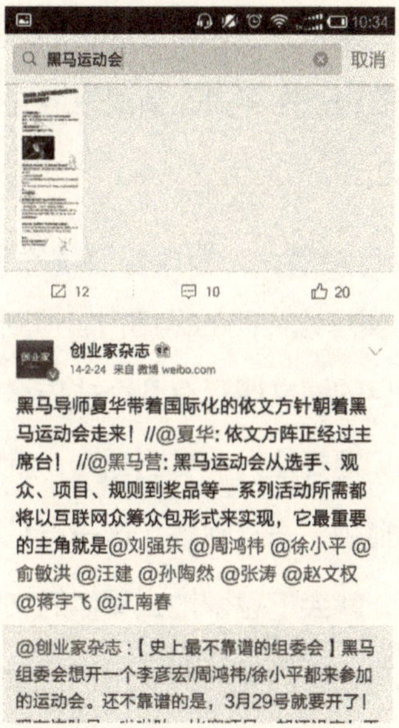

图5-3 河马运动会吸引了很多名人的参与

微博是一个能让信息得到迅速传播的神奇工具，微博名人们信息传播的信息，这些商界大佬的微博粉丝动则几百万上千万人，他们发微博支持该众筹活动，无疑让这场众筹运动会的影响力扩大了无数倍。

除此之外，《创业家》杂志还在微博建立了 # 黑马运动会 # 相关话题，通过话题的热度来吸引普通的大众加入到这场运动会中。

从运动会的效果来看，微博的影响力已不言而喻。创业者如果想要做推广，微博这个营销渠道是必不可少的。

微博拥有最优质的支持流量

根据 2014 年 2 月 25 日的媒体见面会现场披露的财报显示：新浪已经拥有近 6 亿人的用户，其中日活跃用户达到 6 140 万人。并且这个数据还在持续增长中，以二、三线城市的增长速度最快，占到了 43% 的比例。微博是重要流量的聚集地，而且还是高质的流量。新浪微博拥有海量的高支付能力的用户。财报显示，2013 年的“双十一”，新浪微博为天猫导入的流量达到了当天总流量的 5%，可见微博用户的超强购买力。新浪微博同样能为众筹带来像天猫一样的高质流量，促使项目的成功。

写好博文，为项目添精加彩

要想让自己的微博内容得到广泛传播，首先要做的一点就是写好博文。关于众筹项目的博文撰写有几个技巧需要把握。第一，标题吸引人，易于情绪化感染。博文的标题要让人一看到标题，就能想象到该众筹项目为自己所带来的利益。第二，语言通顺、一气呵成。这一点是所有类型的博文都要把握的。当用户被你的标题吸引后，就会下意识地去看你的文字介绍，了解该众筹项目的具体情况。因此，文字的把握非常重要，要让用户一看就懂，一眼就能抓住众筹项目的优势。第三，加入一些元素，放大项目的价值。例如，哪个著名投资人领域的项目，或是哪个名人推荐的项目，将这些具有宣传效果的有价值的信息都在微博中表现出来。第四，转发网友的评论。将一些网友对项目的有趣评论转发出来，增加与网友的互动以及趣味性。第五，可在微博上发布项目的进展信息，特别是有重大进展时。

建立微博大号渠道资源

对于推广来说，最重要的就两点：内容＋渠道。再优质的内容，如果没有给力的渠道，那么想要迅速扩散，并覆盖到自己所期望的用户，难度系数不小。创业者可以建立或是寻找一些微博大号，利用他们在微博上的影响力帮助自己做宣传。

微博信息的传播速度，排在社交媒体的首位，其覆盖的范围也是最广。因此，在微博上为自己的众筹项目做推广，肯定能在最短时间让最多的人知道相关信息。

5.1.3 人人，我们“约”不“约”

人人网是一家成立于2005年的校内网，是中国最大、最受用户欢迎的社交网络、SNS（Social Netwovkiog Services）平台，用户以白领和学生居多。它以实名制为基础，为用户提供日志、相册、站内信息、新鲜事、礼物、休闲游戏、公共主页等功能，通过真实的人际关系，满足不同用户的不同社交、咨询、娱乐需求。人人网的出现，让用户能在虚拟的网络环境中，实现与他人更真实轻松的联系。人人网的真实性特点，使之成为除微信、微博之外的第三大社交营销推广平台，很多企业会在人人网上进行营销推广，且都得到了不错的效果。作为紧跟时代潮流的各大众筹项目的发起人，自然不能错过这一营销宝地。

案例分享

京东众筹上的糖果云联合抗糖计划就在人人网发起了宣传，该项目的发起人为陈海滨。为了让自己的项目得到更广泛的关注，他做了非常全面的推广工作，除了微博、微信营销之外，人人网也是他推广的重要阵地。如图 5-4 所示。

图 5-4 京东众筹“联合抗糖计划”

陈海滨在人人网进行了实名认证，在人人网上发布项目的相关信息。同时，不断地与人人网好友进行互动，让对方更加了解该众筹项目。除此之外，它还在项目中设置了分享链接的功能，包括新浪微博、腾讯微博、QQ 空间、豆瓣网、微信、人人网等。图 5-5 中的人人网用户就是被陈海滨的宣传所吸引，成为该项目的投资人之一。同时，为了让自己感兴趣的项目得到更多人的支持，该用户又将该项目分享至自己的人人网上，希望自己的人人网好友能了解到相关信息后，也成为这个项目的投资人之一，如图 5-5 所示。

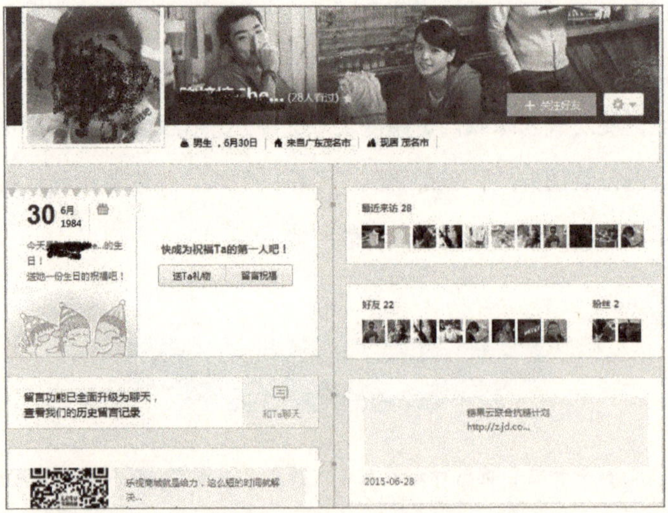

图 5-5 网友在人人网网上为“联合抗糖计划”所做的链接宣传

陈海滨在人人网上的宣传很成功，因为人人网的真实性，所以用户对这个众筹项目抱有极高的信任。就是因为这份信任，让他们愿意成为投资人之一。目前，陈海滨的“糖果云联合抗糖计划”获得了 1 467 人的支持，筹得总资金 531 087 元，超出了原设定资金目标 100 000 元的 4 倍，此时距离项目结束还有 9 天。

人人网的真实性

人人网实行实名制注册，它一反网络虚拟的特点。因为用户都是真实姓名注册，所以每个人都要为自己的言论负责，可以说是复制的真实的人际关系，有着其他网络社交媒体所没有的真实性和可信任性。而众筹属于互联网金融领域，投资人对它的信任度和安全性有着很高的要求，而人人网的这一真实性特质刚好符合。因此，创业者如果在人人网上为自己的众筹项目进行宣传，能更容易赢得他们的信任，推广的效果也会强许多。

用户定位的特殊性

人人网的用户都是以白领、大学生群体为主。他们属于偏理性的消费群体。因此，一般的推广营销方法，他们是不埋单的。但是这个群体的特征就是比较相信口碑宣传，相信好友之间的互相推荐。如果有一个人人网的用户投资了你的项目，那么从众心理，就会让其他人跟着去投资。同时这个群体以年轻人居多，对于新鲜潮流、创意类的事物接受程度较高，也比较感兴趣。因此，众筹项目中的一些创意性、潮流型产品很符合他们的胃口。例如他们经常会买一些新型的科技、智能类产品。

人人网的真实性、用户定位的精准性，使之成为各大企业最为看重的营销渠道之一。事实也证明，人人网确实能帮助企业达成他们想要的推广效果。

5.1.4 豆瓣，我们都是“有文化”的人

从 2005 开始，网上就掀起了一股豆瓣风。在豆瓣上，用户可以自由发表有关书籍、电影、音乐的评价，或是搜索别人的推荐。其内容、分类、筛选、排序等功能都是由用户自己产生和决定的，甚至可以自行选择主页出现的内容。它以个性、

中立、公平、犀利的评价伴随有效推荐机制形成了众多风格迥异、但话题相同的小组，吸引了众多网友。豆瓣的用户主要都是文艺青年，他们对事物的评价和看法得到了很多网友的认同，因此，很多网友都会以豆瓣网上的评价为参考。例如一部电影只要豆瓣用户说好，他们就会去看这部电影。可以说，豆瓣网已经成为了市场口碑的引领者。

案例分享

豆瓣网上与众筹有关的信息非常多，很多众筹网站都在此成立了小组，让这些豆瓣网友成为自己众筹网站上的强力支持者之一。例如人人投众筹、京东众筹、众筹网等国内知名的众筹网站都在豆瓣上建立了小组。除了这些知名的众筹网站，很多个人创业者也在豆瓣上建立了小组，吸引有相同兴趣的用户成为自己的投资人，如图5-6所示。

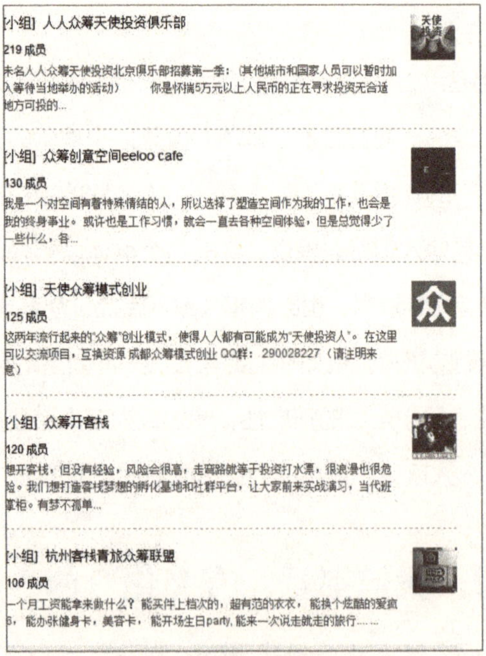

图 5-6　豆瓣网各大众筹小组

例如巴登大叔在豆瓣网上建立了巴登国际连锁客栈小组，该项目是一个背包旅行的义工客栈。该小组成功吸引了 1 664 名有相同兴趣的豆瓣用户。该小组会定期发起背包旅行项目，让这些小组成为投资人之一。旅行者的落脚点在全国各地的登吧客栈。成员会在小组上发起旅行众筹的帖子，也会在旅行后发表帖子分享路上的所见所闻。如图 5-7 所示。

⇧ 登巴国际连锁客栈联系电话及地址（2015年5月更新）	登巴大叔	100	06-12 11:30
登巴客栈连锁新一轮储备店长招聘又开始喽~	登巴大叔	58	06-29 11:54
大理周边徒步三：朝圣之旅（双廊—木香坪—鸡足山）	仗袜走天涯	2	06-29 10:47
登巴于我，我于登巴	Dianna	55	06-29 01:18
大美新疆在等你！	Dianna	43	06-29 01:11
《你若温柔待我，我便爱你》	登巴大叔	34	06-27 20:39
登巴国际连锁客栈成都店，318骑行者入住即免费赠送...	登巴客栈成都店		06-27 10:46
关于义工，我想说说看	登巴峨眉山店		06-26 00:23
这是一则关于诗和远方的招聘贴—登巴连锁客栈等你	Dianna	36	06-25 15:36
登巴，远方的诗与家【一个不像义工招募的义工招募】	敖小丢	38	06-25 08:58
【威海】急招近期义工	威海海草阁客栈		06-24 16:26
桂林龙脊梯田招员工和义工	龙舒		06-24 16:02
厌倦了冬天？来版纳吧	西双版纳登巴	98	06-24 09:33
新疆，四川登巴又添三成员啦~	登巴大叔	9	06-23 21:50
下一个登巴会在哪里？登巴众筹专贴哦~	登巴大叔	82	06-23 19:27
一颗流星——版纳义工随笔	西双版纳登巴	86	06-20 09:37
拉萨登巴青年客栈招义工，6月"义"起来！（本帖长...	拉萨登巴客栈	5	06-19 17:33
敦煌金胡杨客栈长期招义工,男女不限	敦煌金胡杨客栈	1	06-18 21:50
情不知所起终会化为最久的陪伴	喵小姐	12	06-17 19:38

图 5-7 豆瓣网巴登大叔小组所建立的话题

除了建立小组，也可在豆瓣东西上发布众筹项目，如图 5-8 中所示的智能戒指和智能水杯等。豆瓣网友会对这些项目进行评价，而对该项目有兴趣的投资人就会根据豆瓣网友评价的好坏决定是否投资，如图 5-8 所示。

图 5-8 豆瓣网众筹项目

利用用户创造活动分享的功能做口碑宣传

通过用户的创造和分享，豆瓣网已经形成了无数个相同的话题的小社群，通过 Tag 标签和关注，形成了一个庞大的好友社区。很多网友都是冲着各个小组来的。这些小组既不同于现实中的群体，现实中的群体有着紧密的联系和共同的目的。也不同于互联网上临时形成的松散群体，豆瓣网的群体有着高度的相似性，他们以彼此相似而自然形成一个个特色分明、凝聚力强、交流性好、互动性高的、具有明显文艺青年气息的网络群体。众筹创业者可以通过在豆瓣网上创建小组，加以引导，实施一系列深度的讨论，并且通过对“碎片”小组的整合，形成声势浩大的传播优势。通过豆瓣网友对众筹项目的良好口碑在网络上进行一种病毒式的传播扩散。

利用豆瓣推荐功能做推广

推荐功能是豆瓣网的核心价值之一，用户不用主动浏览就可直接获得自己感兴趣的内容。豆瓣网会记录每个用户的评论，点击形成一个个人资料表。然后通过数据检索技术和列表，判断每个用户的兴趣，主动向其推荐一些同类人看过而他没有看过的好口碑作品。豆瓣推荐的内容不一定是最有价值的，但一定是用户感兴趣的。同时，豆瓣网的运行机制也会根据用户在豆瓣的参与程度自动让其享受不同层次的服务。个人信息越多，在豆瓣网上的行为、评论和收藏越多，用户所得到的推荐也就越精确，越有价值。这种推荐机制让用户更喜欢用各种行为表达自己的喜好，更加频繁地使用豆瓣的服务。豆瓣的推荐功能可以从任何地方和时间流向任何用户，这种互动方式会让信息的流动更加迅速，众筹创业者的营销也就更加有效。

豆瓣独特的文青气质、用户创造内容的特点、独特的推荐功能可为众筹提供一种社会化的营销环境，在豆瓣网上大众文化和小众文化互相交织，形成了一种营销文化发展的新方向。

5.1.5 论坛，盖楼的同时也能盖“资金”

论坛营销是现代企业非常重视的一种推广方式，天涯、百度、知乎、豆瓣等知名论坛社区，都拥有庞大的用户基础。在论坛网上做推广，引起的效果非常惊人。论坛已然成为企业推广不可或缺的工具，论坛的人气与影响力不但能够快速提高企业的知名度，而且对于企业形象的树立也非常有帮助，让企业的产品和服务熟知度等在最大程度上得到覆盖。简单地说，论坛营销就是通过文字、图片和视频等形式来发布企业的产品和服务信息，从而使潜在的用户更加深刻地了解企业的产品，最终达到宣传企业品牌、提升市场认知度的目的。因此，有不少众筹创业者也把论坛作为自己重要的宣传渠道之一。

案例分享

网友神鸦遍地，农产品众筹网站麻布袋发起了一个茶叶众筹项目，为了让项目获得更多人的关注，神鸦遍地在天涯论坛上进行了推广营销。希望把庞大的天涯网友变成自己的投资人，也希望通过天涯强大的传播能力，让自己的项目得到更多人的关注。不过显然，他这次的论坛营销并未成功。直至项目结束，它都未能获得一个投资人的支持。他的失败，与论坛营销不当有着不小的关系，如图 5-9 所示。

图 5-9　神鸦遍地在天涯上所做的宣传

神鸦遍地在天涯上发布了一个名为《天然有机茶最优质的茶，送给最好的朋友》的帖子，这个帖子可以算是反面教材。首先，标题毫无特色，也没有重点。只是将茶字显示了出来，却没有显示出众筹的目的，“最优质的茶，送给最好的朋友”也寡淡得犹如白开水，丝毫引不起坛友的兴趣。其次，文章的内容。文章完全是将众筹项目的内容介绍粘贴复制过来，一点发帖的诚意都没有。最后，整篇帖子的推广目的明显，一看就是一篇营销文，像这种类型的文章，坛友是丝毫没有兴趣的，如图 5-10、图 5-11 所示。

图 5-10 神鸦遍地的帖子内容

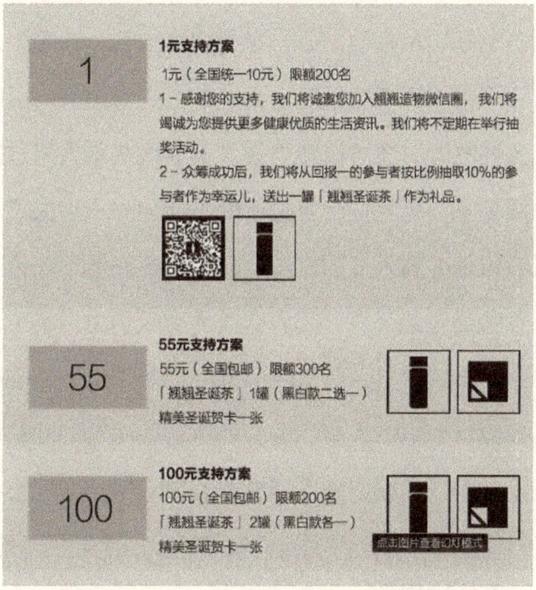

图 5-11 神鸦遍地的帖子内容

利用论坛的优势为众筹项目做宣传

众筹创业者可充分利用论坛的优势来为自己的项目进行宣传，论坛主要有 4 个优势：第一，话题开放性、内容互动性。论坛的话题非常开放，大多数的营销诉求都可以通过论坛得到有效传播。论坛的发帖、跟帖、回复、引用等功能，能够有效地调动起网友和宣传项目之间的互动，增加双方的感情，使众筹项目的营销信息得到更为广泛的传播。第二，行业精准性。精准性是论坛营销的主要优势之一，创业者在众筹项目所在行业或者相关行业的论坛中发布相关信息，其针对性会更强，也更能吸引业内人士的关注。一般情况下，论坛的行业性和专一性都非常强，而且版块分类清晰明确。创业者可以根据自己的众筹项目类型在相应的版块发帖，从而达到精准营销。

把握发帖的技巧提高推广效率

论坛营销能不能成功，看的就是帖子的质量，质量越高的帖子引起的关注也就越大。因此，创业者要充分把握住论坛发帖的技巧，提高效率。其主要有 5 个方面：第一，标题名。帖子的标题名称很重要，必须要够独特，够吸引人。一般人看都是看到有趣的、与自己相关的帖子标题后才会点击进去看内容，所以在撰写帖子时，一定要让标题有相关性的同时还够标新立异。不要取些别人用过的标题，那样很容易让人以为是同一篇帖子，以为自己看过了就不会再点击进去了。第二，话题要新颖。在发帖前先看看论坛中高人气的文章，以及坛友们经常谈论的话题，把自己的众筹项目与这些新颖的话题结合在一起，这样才有吸引力。第三，选择好文章的体裁。文章的体裁也是坛友决定是否跟帖的关键，众筹项目的帖子最好以记叙文或是议论文为体裁，这样会让跟帖的人有话说，通过这些网友的回帖炒热帖子。第四，文章篇幅不要过长。帖子的篇幅要短小精悍，现代人很难有耐心将一大篇幅文章看完。第五，主题要明确。既然是众筹项目的帖子，就一定要把众筹的目的表现出来，不要文章一大篇，坛友读到最后，却还是不明白你的主题和目的是什么。

论坛可以说是最早的互联网营销工具，发展至现在还未被淘汰，自然是因为它的营销效果一直都很强好。因此，创业者一定要充分把握好论坛营销的技巧。

5.2 与支持者培养感情

人都是感情动物，众筹项目的投资人也一样，他们也有感情。如果创业者能与支持者培养好感情，那么他们就会成为该项目或是发起者忠实的粉丝，会主动为项目做宣传，利用自身的资源为项目拉更多的投资人。或许当该创业者下一次再发起项目时，他们会在第一时间成为项目的支持者。因此，创业者不要只把投资人当作资金的来源渠道来看，要主动与投资者成为朋友，如图 5-12 所示。

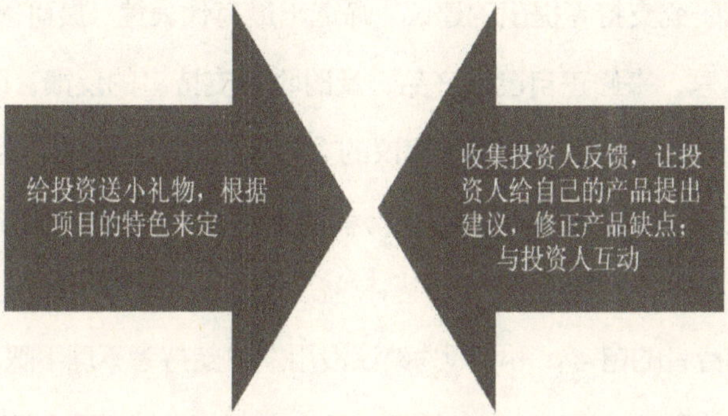

图 5-12　与支持者培养感情的两大方法

5.2.1 小礼物有大作用

在众筹项目中，除了能以设置回报的方式来吸引创业者，额外承诺送一些小礼物，也是吸引投资人的一种有效方式。特别是在项目成功后，或是达到某一个高度后，承诺给这些支持自己的人一些小礼物，让他们享受到一种意外之喜，这对于提高项目的体验感非常有帮助。同时，投资者也可从中感觉到创业者的诚意，从而对其产生比单纯的投资更深的感情。至于送什么礼物，创业者根据项目的特色而定。如果项目是农产品众筹，就多赠送一些农产品；如果是股权众筹，就可赠送一些股东优惠卡、股东优先体验，等等。只是一点点小礼物，就能给投资人带来不同于其他众筹项目的体验。

5.2.2 及时收集反馈，增加互动

如何才能培养出支持者的感情，使之成为忠实的粉丝，并帮助自己做口碑宣传呢？有两个方面是需要重视的。第一，及时收集用户反馈。让参与众筹的支持者，在讨论区对产品提出资金的建议，一般而言，提出建议的支持者多为意见领袖，反馈的都是真知灼见，评论都是一针见血。意见领袖提供的修改建议，极具参考价值。创业者还要仔细研究支持者提出的建议，筛选出最有代表性、最可落地操作的信息，然后根据这些信息，来修正自己的产品。及时收集支持者的反馈，除了能帮助自己改正产品缺点之外，还可让这些提出建议的支持者感到自己受到了重视。

在收集反馈建议时，也要注重与支持者的互动，并不是每一款产品都能吸引支持者，也并非每条支持者的意见都对产品有益。但是，即使不采纳支持者的建议，也要积极地回应支持者的留言，不能因为建议没用就对支持者不理不睬。持续的互动不仅能增加支持者的黏性，增进双方的感情，还有助于将支持者顺利转化为品牌粉丝。

5.3 善用"人"的力量

人的力量是不可估量的，人的力量是非常庞大的。自古以来那些成功者，都是懂得善用"人"的力量，他们通过这股力量帮助自己获得前所未有的成功。就像是小米手机的成功，就是因为其董事长雷军懂得利用人的力量来帮助自己进行传播、推广。众筹项目也一样，创业者也可通过"人"的力量来帮助众筹项目获得成功，如图 5-13 所示。

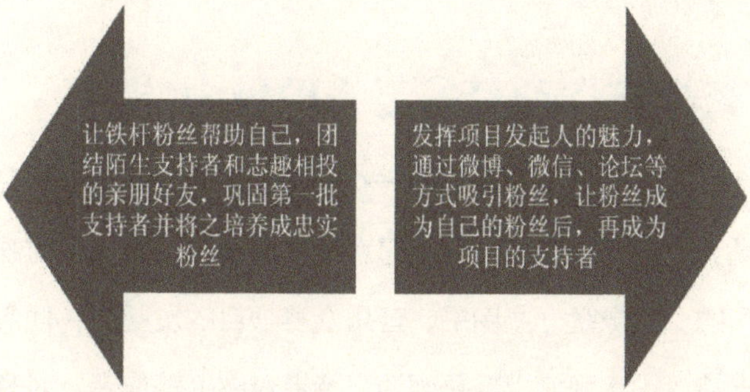

图 5-13 善用"人"的力量两大要点

5.3.1 让铁杆粉丝帮助你

一个想进行几轮融资的创业者最怕的就是没有铁杆粉丝，特别是对于那些股权众筹的领投人而言，如果没有铁杆粉丝，那么他就无法起到领投的作用。或者是想再次发起众筹项目的创业者，如果不能在第一次众筹时就积累下一批忠实的粉丝，那就意味着当他进行第二次融资时，一切又要重新开始，甚至要承担比第一次众筹更大的风险。

一定要团结你身边的众筹项目支持者，这里的支持者可以是众筹平台上的陌生支持者，也可以是与自己志趣相投的亲朋好友。当创业者发起众筹项目后，这些人就是你的第一批支持者，他们会开始在项目上与你进行互动，了解到更多与项目、与发起人有关的信息。在此时，发起人要及时关注这些支持者，在众筹平台的“个人中心”或是“支持人数”版块上都会显出支持者的信心，创业者要及时联系这些人，除了通过平台向他们随时汇报项目的进展情况之外，也可私底下加其QQ、微信、微博与其成为好友。当你得到这第一批支持者的信赖后，他们就会成为众筹项目的稳定传播、宣传的渠道。

拥有了铁杆粉丝之后，创业者如果再想发起项目，他们都会第一时间成为支持者，并帮助宣传。

5.3.2 充分发挥项目发起人的魅力

每一个众筹项目，发起人自身就是一个项目最初的支持者，也是促使项目获得成功的最大推动者。很多投资者之所以愿意投资该项目，有很多时候是被项目发起人的魅力所吸引的。就像是一些图书、音乐众筹项目的发起人，他们之所以能获得众多支持者的支持，很大程度上，是因为支持者对图书的作者、对音乐唱片的演唱者的喜爱。有时候，甚至无须任何推广手段，支持者就会自动上门，特别是一些歌手的粉丝。这就是项目发起人的魅力。《社交红利》一书的作者谭志斌也一样，他的成功也是因为他运用自身的魅力，赢得了支持者们的青睐。在项目发起的两个星期内，他每天通过微博、微信、QQ、新闻稿等方式，竭尽全力地对项目进行宣传，在这个过程中获得了3 300个粉丝。然后把这3 300个粉丝变成众筹项目《社交红利》一书的投资人，该书首印就超过了5万册。这就是项目发起人的魅力和能量，创业者要把这种魅力和能量充分发挥出来。

5.4 信用，是最好的传播方式

众筹是互联网金融的一部分，归根究底就是与钱相关，而但凡扯到钱的事就会有诸多问题产生，最大的一个问题就是信用。众筹的发展越来越快，随之而来的就是信用问题，众筹项目诈骗案频发，导致投资人信任度降低。现在投资人在选择一个项目时，都会多几番调查、多几番犹豫，只要有一丝疑虑就会停止投资行为。因此，众筹项目成功的机会越来越小。那么要如何解决这一问题呢？提高信用，提升投资人的信任度，这是解决问题的根本办法。信用，是最好的传播方式，一个项目、一个创业者有了信用，投资人就会自动找上门。做好信用问题，比任何推广、营销的手段都有效。

案例分享

由上海联劝公益基金在京东众筹发起的“为山区孩子捐鸡蛋”公益项目，目前已成功众筹获得 40 716 人的支持，筹得资金 377 963 元，此时离项目截至还有 24 天。为何这个项目能在这么短的时间内获得这么多人的支持？能让 4 万多名投资人对这个项目放心？这就是信用问题了，如图 5-14 所示。

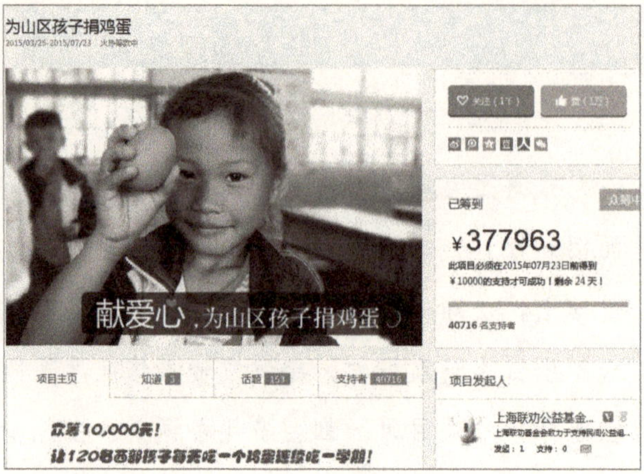

图 5-14　京东众筹“为孩子捐鸡蛋”公益项目

上海联劝公益基金从未对该项目做过任何较大的宣传，最多也只是在自己的官方网站、官方微博上呼吁一下，这 4 万多名投资人都是自己找上门的。投资人自发投资，这就是对项目发起方信任的表现。上海联劝公益基金于 2009 年成立，是一家致力于支持民间公益组织的资助型公募基金会，捐赠人与优秀民间公益组织之间的桥梁，一个可靠高效的公益平台。为了倡导“联合劝募”理念，基金会又称“联劝”。基金会成立多年，不只在业内有着崇高的声誉，在公益人士间亦有不错的口碑。因此，它无需任何宣传，单凭着自身的良好声誉就成功赢得投资者的主动投资。

当然，投资者对项目的信任肯定不只是因为发起方。在 4 万多名投资者中，对项目存在着质疑的不在少数，但联劝公益基金会成功地打消了这些质疑者的质疑，获得了他们的支持。他们是怎么做到的呢？第一，在项目中展示真实的图片和文字，图 5-15 中，这些图片都是发起方的实地拍摄，是山区孩子最真实的写照，这种图片也不可能造假。第二，对质疑者提出的质疑做出正面的解答，彻底打消他们的疑虑。

图 5-15 项目实地拍摄图

如图 5-16 中，投资者提出："8 毛一个鸡蛋哪里买的？你们买的青浦散养草鸡蛋？？？……"上海联劝公益基金对此做了正面的回答："谢谢您的关注！一个鸡蛋的价格是如何计算的，可点击查看一下链接……"该链接中有对鸡蛋价格如何计算的页面，这一点在项目资料中也有展现。还有投资者提出质疑说："行政费用肯定有合理性，但我也觉得这个项目就别回报什么袋子，盒子之类的物质东西了，毕竟捐款的人也不会在意这些东西了。希望能用好捐款！"它的回答则是："谢谢您对'一个鸡蛋'项目的关注和支持！关于您提到的众筹回馈（袋子、盒子等），京东众筹政策要求项目发起者设置必要的回赠项，本项目的众筹回赠项由爱心合作企业提供，并不涉及捐赠善款的使用。众筹所得善款将全部用于'一个鸡蛋'项目本身。谢谢！"

上海联劝基金会这种之间质疑的办法不但能消除质疑者的质疑，还能让其他投资人看到，从而提升对项目的信任感。

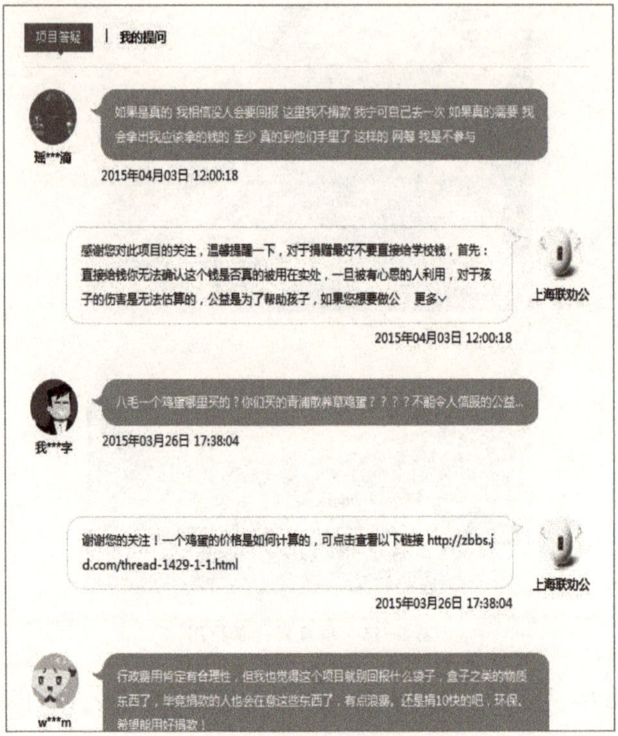

图 5-16　正面解答投资者问题

该公益项目的成功，就是因为它把重心放在了提升投资者的信任心上，把自己的信用做好了，不用任何推广，投资者就会主动找上门来投资。

提升创业者的信誉

一个众筹项目有没有信誉，前提是创业者的信用度如何。在国外有健全的个人征信机制，因此，很少有众筹诈骗案的发生。但目前国内相关的机制还不太健全，所以创业者要想让投资人对项目有信任感，那就先要做好自身的信誉。特别是股权众筹，投资人投资股权项目，看的不单是产品的发展潜力，更多的是对创业者的信任：看创业者是否有开发好产品的能力，是否有管理企业的能力，是否是值得信任的人。所以，要想投资人投资你的项目，就先要把自己的信用提升上去，你自身的信用魅力胜过任何一个推广活动。

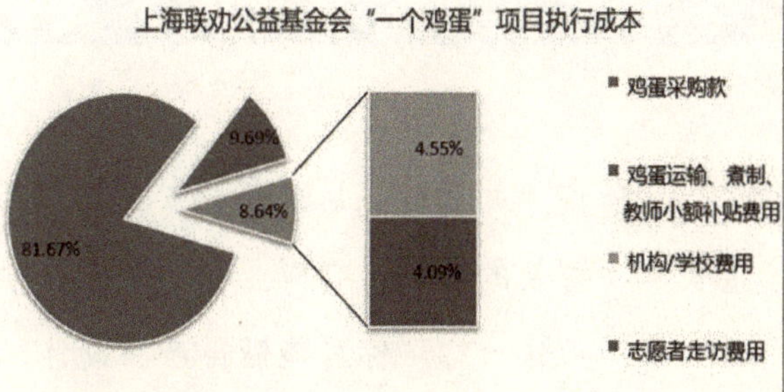

一个鸡蛋，8毛钱是怎么计算出来的？

一个鸡蛋 ≈ 0.8元

根据各执行机构的实地调研，各地一个鸡蛋的平均价格在0.67元左右；根据各机构的预算，需要增补约20%的运营成本，由此估算出一个鸡蛋的捐助成本是0.8元。

项目执行经费标准

（1）.煮制费用

每个鸡蛋的煮制费用统一按0.04元计算。即使鸡蛋煮制过程未给学校带来经济负担，该笔资金仍会支付给学校，并鼓励学校将该部分资金补贴给为“一个鸡蛋”项目付出劳动的相关教职人员。

（2）.教师小额补贴

各项目点（村小或教学点视为单独一个项目点）以学校为单位，根据学生人数，对负责鸡蛋采购、运输、煮制、监督这四项工作的教师给予每月小额补贴。

图 5-17 鸡蛋成本计算

在项目中解决投资人的质疑

单是靠发起方在业内的信誉肯定是不够的，一个受欢迎的、能获得大部分投资人信赖的项目，还要懂得如何在项目中解决投资人的疑虑。这一点可以从以下几点来表现：第一，在项目展示过程中，给投资人展示真实的资料，例如真实的图片、视频。第二，在项目疑虑或是评论回复中，正面解答投资人的问题，回答的问题要真实、可考证。第三，项目成功后，以最快的速度完成回报问题。

信用，是最好的传播方式，一个没有信用度的发起人、一个不能给予投资人安全感的项目，在推广宣传方面花再多钱，做得再好也没用。

5.5 专业的事交给专业的人去做

正所谓“闻道有先后，术业有专攻”，每个人都有自己擅长和不擅长的地方，有专业和不专业的方面。对于众筹项目的推广工作一样，你可能懂得产品设计，但你也许不懂得如何做到有效推广，那么你就可以把推广的工作交给专业的团队去做，自己安心做好产品设计就行了。

案例分享

京东众筹上“移康智能Wi-Fi可视门铃”的项目已获得圆满成功，项目结束后获得2 393人的支持，共筹得资金1 305 398元，是原设定的资金目标30 000元的40多倍。

图5-18 京东众筹“移康智能Wi-Fi可视门铃”项目

那么该众筹项目是如何获得这么大的成功呢？这与推广的工作分不开。发起人称他自己并不懂推广营销的工作，所以把推广的工作交给了平台以及第三方团队。京东众筹依托于京东电商这个大平台，京东是中国第二大电商，拥有庞大的用户基础。而且它是以智能硬件为主要的经营项目，用户定位与该众筹产品的用户定位一致。京东用户的质量较高，都属于高消费人群。这一点让该款项目的高档档位获得了不少的支持。而且京东还与各大企业都有着合作，例如腾讯旗下的 QQ、微信等都是非常强大的推广渠道。因此，电商火麒麟在项目完成了 20% 之后，向京东众筹申请了推广宣传的支持。

为了万无一失，电商火麒麟还花了一笔小钱，请第三方专业团队为自己的项目进行包装、宣传，该项目的文案设计，如图 5-19 所示、推广宣传工作都是由这个专业团队完成，自己并不插手。

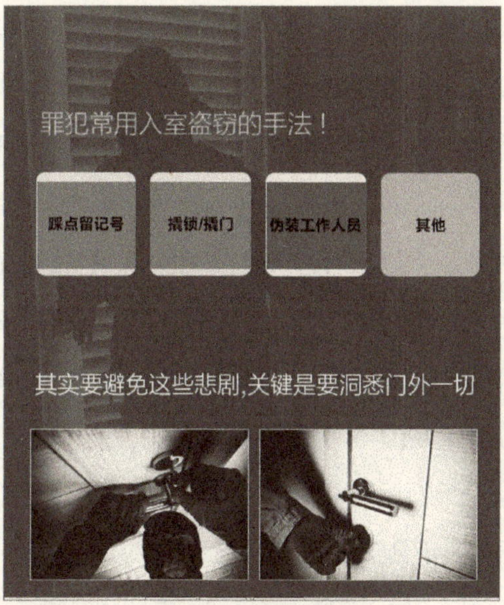

图 5-19　项目部分文案设计

电商火麒麟一直坚信“专业的事情应该交给专业的人去做”，这样才能达到事半功倍的效果，而众筹的结果也证明他的选择是正确的。

向众筹平台申请得到支持

众筹平台的立意，是让投资人找到值得投资的项目，也是帮助发起人实现自己的梦想。它不只是为创业者提供众筹的平台，也能帮助项目做推广，帮助创业者早日获得成功。事实上，每个众筹平台本身都拥有着巨大的用户数据库和相关的资源，同时还掌握着大量的推广渠道。因此，创业者如果自己不擅长推广的工作，那么就可向众筹平台申请得到支持，让他们帮项目进行推广，创业者只要与平台方建立紧密的沟通和配合就行。这样既能帮助创业者获得额外的支持，也能促进众筹项目的成功。

把推广工作外包给专业的团队

众筹网站上的项目如何能在没有实物的情况下，得到大批初始投资人的支持？归根究底还是要依靠推广，事实上，每一个众筹项目，都是一次市场营销行为。这个营销的过程包括媒体曝光、获取支持者以及市场验证等多个环节。这也是推广工作在众筹项目中会如此重要的原因。

项目发起人本身是很少有完整的、有力的推广渠道的，同时也缺乏对众筹项目推广的经验。一个项目的成功，创意仅是基本条件，更复杂的是随后展开的一系列推广行为。这个行为贯穿了文案设计、图片拍摄、视频制作到后期的营销推广、支持者互动。这么庞大复杂的工作，如果项目发起方不是一个大公司是很难完成的。因此，创业者要懂得面对自身的短板，把专业的工作交给专业的团队去做。一般情况下，创业者可以选择推广工作外包给专业的团队。

在美国，围绕着众筹而衍生了近40亿美元的生态圈，他们为项目发起人提供了全面细致的推广服务，小到文案设计，大到市场推广。目前，这种生态圈也在国内慢慢衍生。创业者可以支付一点费用，让第三方团队为你完成这些推广服务。

创业者如果不擅长推广宣传方面的工作，那么就要懂得正视自己的缺点，向平台申请获得支持，也可花点小钱将推广交给更专业的第三方团队。这样既轻松了自己，又获得了想要的结果，何乐而无不为？

第六章

策略：把握技巧，你也能“孔明借东风”

做众筹也要讲究策略，才能事半功倍。把握技巧，才能“孔明借东风”，借助他人的力量帮助自己筹得资金，依靠他人的投资创造自己的事业。在众筹的过程中，有很多地方都是需要把握技巧的。如何挖掘潜在的投资者，让这些潜在的投资者为项目后续发力？如何让自己的项目有新意，一眼就能吸引住投资者的目光？如何设置项目的回报，让投资满意？如何做好准备，以防万一？而且，众筹项目也是有转化率的，那么又该如何提高转化率？种种细节上的技巧，都需要创业者去把握。

6.1 挖掘潜在用户

做众筹项目其实与其他行业有一个很大的共同点，就是对潜在用户的挖掘。无论哪一种众筹项目，都不可能一开始就拥有大批的用户，所以都需要靠项目发起人自己的发掘。

什么是潜在用户呢？是指那些还没有使用，但是有能力参与，有参与决策权，对众筹项目有需要的那些用户。

每个人都可能成为你的潜在用户，不管是正在参与你的众筹项目的，还是还没有参与你的众筹项目的人，只要他是一个拥有自主权的人，都能成为你的用户。挖掘新用户，对众筹项目是否成功有着重大的影响。新用户的加入，能为众筹项目加入新的血液，特别是在后期，当所有的老用户都加入了众筹项目之中，还未达到众筹时所设定的众筹资金目标时，那么潜在客户能否加入，就决定了项目是否能成功了。

6.1.1 立项前就要做好潜在用户的挖掘工作

众筹项目不比其他，因为各个众筹平台对项目都有设立时间，一旦设立时间到达，如果设立的资金目标没有达到，那么就代表这个项目已经失败了。所以因为时间的限制，如果在项目发起后再寻找潜在用户肯定是来不及的。发掘潜在用户需要经过市场调研，需要研究大数据，需要分析哪些潜在用户是你所需要的，这些都需要大量的时间，一天两天是完不成的。同时，如何把潜在用户发展成真正的用户，这也是需要时间的。用户从接触到信任的这一过程，是经过时间累积起来的。因此，如果想要众筹项目在规定的时间内获得成功，最保险的方式就是，在项目发起之前就做好潜在客户的挖掘工作。

案例分享

棉花云新风净化器在苏宁众筹中获得了不小的成功。截至 2015 年 4 月 29 日，该项目的筹款已经达到 212 714.00 元，比原先设定的 100 000.00 元超出了许多，达成率高达 212%，而且距离项目截至的时间还有 33 天。在这剩下的 33 天中，该项目无疑还能获得更多的资金支持，如图 6-1 所示。

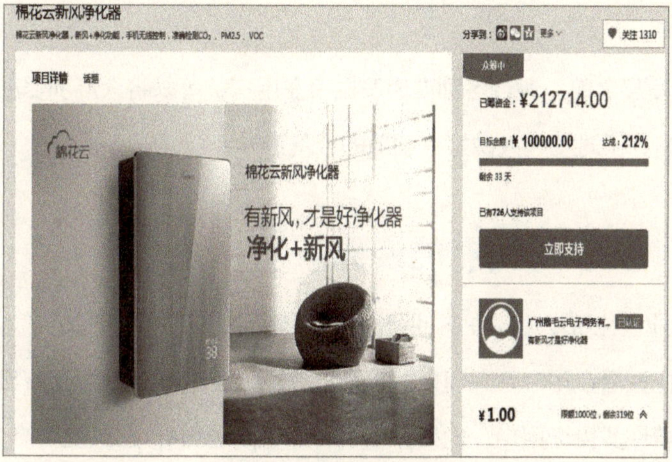

图 6-1 棉花云新风净化器在苏宁的众筹项目

为什么这个项目能获得这么大的成功？这与项目发起人事先所做的准备工作分不开，为了确保项目的万无一失，该项目的团队在项目上线前几个月就开始着手准备潜在客户挖掘的工作。其实空气净化器的需求量很大，因为人们对净化器的需求量很大。所有这些对净化器有需求的人都是该项目的潜在用户。在立项之前，该团队就对外做足了宣传，吸引潜在用户的注意力。

立项前做好数据收集工作

如果有些项目发起人无法在项目上线前就挖掘到潜在用户，那么也要保证自己在立项前就做好数据收集工作。这样才不至于在立项后，挖掘潜在用户时手忙脚乱，或是因为时间原因不能收集足够多的数据，而导致分析结果的偏差。

了解成功的概率

这一点是非常重要的，立项前就开始做潜在用户的挖掘工作，可以了解到这个项目受众面大不大，是不是能受到大多数用户的欢迎。如果潜在用户数量不够多，发起人就可考虑是否放弃该项目。如果潜在用户数量够多，发起人还可适当地提高资金设置。

在项目发起之前，通过各种渠道发掘潜在用户，可以将众筹项目的风险拉至最低，而且也有利于对发起人做好立项前的准备工作。

6.1.2 从自身拥有的资源入手

很多企业往往费尽心思在其他渠道发展寻找潜在用户，却忽略了本身所拥有的渠道。其实挖掘潜在用户不只可以从外面的市场入手，其项目发起方自身拥有的资源也是潜藏着许多目标用户。例如你手中有个 App 软件，那么使用这个 App 软件的用户就可能成为你众筹项目的用户。项目发起方可以对自身本就拥有的用户进行调查和分析，看看哪些用户有能力、有兴趣做你的众筹项目投资人。找出后，就可对这类用户进行重点宣传。

案例分享

PPTV 在苏宁众筹平台发起了“PPTV 欧冠足球宝”，这个众筹项目做得非常成功。其众筹时间设置为 15 天，筹资目标为 500 万元，在第 8 天就已经达到目标，第 9 天就已获得 5 367 000 元的资金，完成率达到了 107%。同时在社交网站上引起了网友们的广泛讨论，如图 6-2

所示。

图 6-2 “PPTV 欧冠足球宝”在苏宁众筹上立项成功

为什么“PPTV 欧冠足球宝”能这么快就获得成功，与其项目发起人 PPTV 对于潜在用户的发掘不无关系。

首先，PPTV 在项目发起之前，对 PPTV 中喜爱足球的用户进行了调查，看这类用户之中，哪些有可能会成为这个众筹项目的捐助者。

其次，分析这类用户是否有在互联网视频上观看足球比赛的习惯。如果有，则针对这部分人进行广告宣传，并说明这个项目成功后，参与的用户就可在 PPTV 上观看高清、高速、无广告的国外足球比赛。

最后，在项目发起前，就从 PPTV 本身的用户入手。PPTV 有大量的视频用户，其中有不少是想获得会员以及 PPTV 勋章的用户。告知这些用户如果加入这个众筹项目，不但可以赚钱，还可以享受到 PPTV 提供的会员以及勋章，同时还有赛场门票等其他高价值的回报奖励。正所谓是一举数得，如图 6-3 所示。

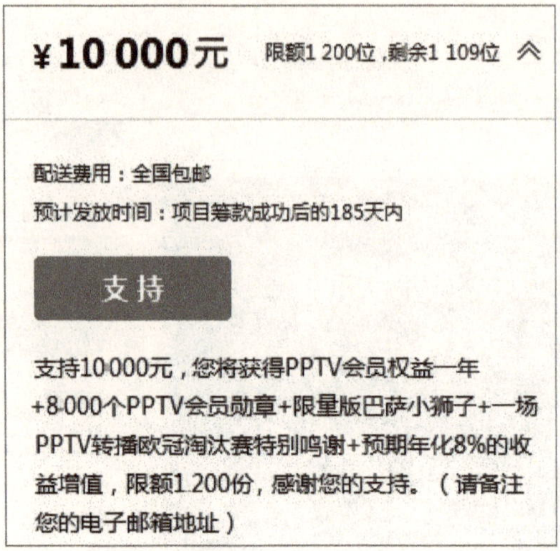

图 6-3　“PPTV 欧冠足球宝”回报内容

对自身所拥有的潜在用户资源进行评估

很多潜在用户并不能转变为目标用户，从自身资源中获得潜在用户只是一种众筹项目的“初始阶段”。因此，项目发起人需要对用户进行及时、客观的评估。在挑选、评估用户时，可以 3 个问题作为标准；一是用户是否具备对你的项目的需求；二是项目符合其需求之后，这些用户是否有能力成为投资人；三是当这些用户参与项目之后，是否能帮助你带动其他用户加入。

把自身拥有的用户分成两类

将自身用户的用户分成两类，有利于项目发起方对用户做重点宣传。一般情况下，可以将用户分为两类。一是根据紧迫性分类。紧迫性分类指的是用户能在多长时间的范围内加入众筹项目。通常情况下，1 个月内做出决定的用户，可称为渴望型，2 个月则是有望型，3 个月则是无望用户。二是根据重要性分类，重要性指的是用户购买资金档次可能有多高。例如 PPTV 有 1 000 元、10 000 元的档次，那么某些用户很有可能会选择这几个档次的，就要对其做重点发展。

总而言之，吸引潜在用户渠道有很多，从自身资源入手就是一种简单、快速又有效的方法。

6.2 众筹筹的就是项目创意

众筹的本质就是创意，一个有创意的产品才能吸引投资人的注意。在众筹模式下，不怕没有资金，不怕没有团队，最怕的就是项目没有创意。没有创意就没有人气，没有人气就没有资金。所以，一个众筹项目最终比拼的还是创意，创意决定了一切。

6.2.1 项目独特才能吸引受众的第一目光

什么样的众筹项目才是有创意的、能吸引受众第一目光的项目呢？独特性肯定是一个创意项目必备的特质。纵观获得成功的众筹项目，都不难发现它们有相同的一个特质，就是独特性。创业者的项目要能给人带来独特的感受，是投资人以前很少见到的，或者是从未见到的。这样才能激发出他们的兴趣。

案例分享

在众筹网上发起的《美国奇葩故事》纪录片就是一个非常独特的一个项目。这个项目不同于其他微电影众筹项目，也不是以公益性为主的纪录片项目，而是一个以探险、追寻美国奇葩故事为主的纪录片项目。很多人都对美国有兴趣，也有很多人到美国旅行过，但对于这个国家，大家所了解的还是比较片面的。其实美国有很多有趣、奇葩的事迹是非常值得人们探寻的。这个项目的独特性就在于它是第一个以美国故事为主题的众筹项目，对于众筹投资人而言非常的新鲜，其内容题材也非常新鲜有趣，如图 6-4 所示。

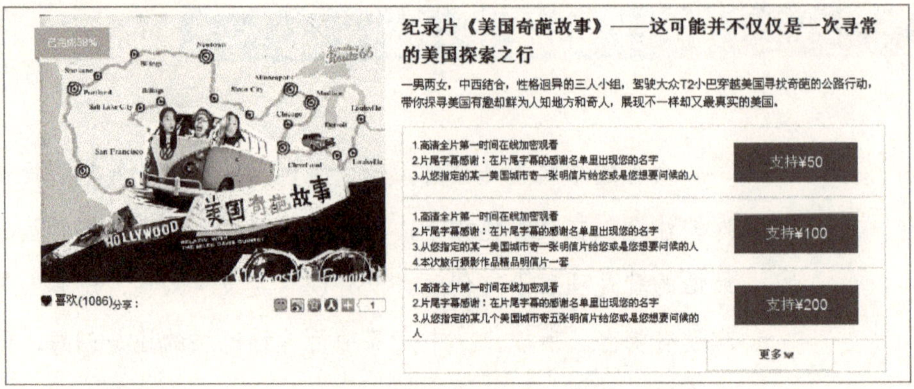

图 6-4　众筹网《美国奇葩故事》纪录片项目

该项目的形态是由有一男两女，开着复古小巴，穿行美国，寻找奇葩故事的长途公路行为。3 人在这段公路旅行中，会通过文字、图片、影像等形式，纪录并展现 3 人在沿途遭遇的非中国主流视野的美国奇葩人物。在旅行期间，该项目的负责人会通过社交网络或媒体同步更新，将旅途故事一一记录下来，旅行结束后对投资人做集中呈现。这种项目形态，在众筹领域中并不多见，一般众筹项目的产品基本上已经是一个成品，而旅游过后的影像成品，更是不多见。该项目的独特性，成功地引来了对美国有兴趣、对项目形态独特性有兴趣的投资人的注意。该项目才刚上线 4 天，就已经完成了 38% 的众筹资金，获得了 77 人的支持，如图 6-5 所示。

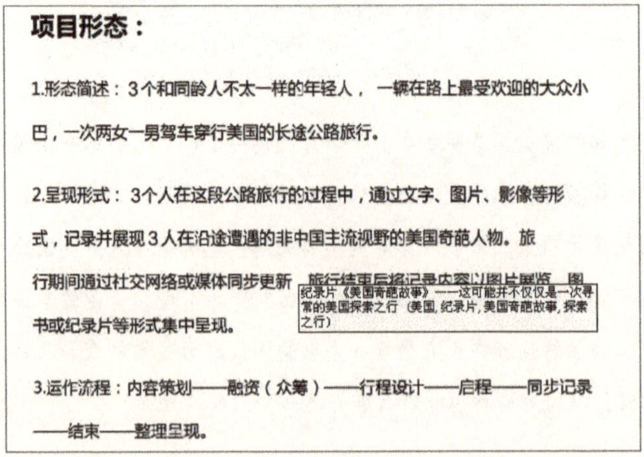
项目形态：

1.形态简述：3个和同龄人不太一样的年轻人，一辆在路上最受欢迎的大众小巴，一次两女一男驾车穿行美国的长途公路旅行。

2.呈现形式：3个人在这段公路旅行的过程中，通过文字、图片、影像等形式，记录并展现3人在沿途遭遇的非中国主流视野的美国奇葩人物。旅行期间通过社交网络或媒体同步更新，旅行结束后将记录内容以图片展览、图书或纪录片等形式集中呈现。

纪录片《美国奇葩故事》——这可能并不仅仅是一次寻常的美国探索之行（美国,纪录片,美国奇葩故事,探索之行）

3.运作流程：内容策划——融资（众筹）——行程设计——启程——同步记录——结束——整理呈现。

图 6-5　《美国奇葩故事》纪录片项目形态

产品够新颖，项目才能有独特性

一个项目如果要有独特性，那么产品就一定够新颖。纵观那些获得成功的众筹项目，它的产品都是非常新颖的，一个老套的、泛滥的产品是很难产生吸引力的，因为大家都已经司空见惯了。特别是一些智能产品的众筹项目，如果它本身的功能不够独特，市面上随便哪一个产品都能解决用户的痛点问题，这就代表这个产品的市场已经饱和了，没有太多发展的价值。

只有你的产品拥有这个特质

想要自己的众筹项目让投资人一眼就看上，并迅速获得成功。那么你的项目就必须具备别的项目没有的特质，这个特质是独一无二的，投资人在其他项目上难以找到的，只有你的项目才有这个特质，只有你的产品才能解决他们的痛点。这样的项目，这样的产品才能获得更多投资人的喜爱。有了这种独一无二的特质，你的项目不但能获得成功，也许还能获得超过原设定目标几倍甚至几十倍的成功。

独特性就和人一样，有了独特性的项目才是有创意的产品，才能让投资人在千千万万的众筹面孔中，一眼看中你，然后被吸引。

6.2.2 项目有趣才能引发社交网站的口碑传播

有创意的项目都是有趣的项目，有趣的东西才能引发社交网站的口碑传播。因为生活水平的提高，现代人对很多东西都已经司空见惯，很多东西已经很难引起他们的兴趣，他们感到生活越来越乏味。因此，不断地追寻新奇有趣的东西，来为自己乏味的生活添加一些趣味。这种心理表现在众筹上也一样，不论是股权众筹还是一些产品、公益众筹，他们在选择投资项目时，也会以趣味性为标准。一旦发现趣味性的项目时，他们不但会自己加入投资人的行列， 也会主动在自己的社交网络上进行分享，传播扩散。

案例分享

淘宝众筹上的“小 T：智能运动鞋”就是一个非常有趣的众筹项目，就是因为其充满趣味的设计，项目发起后，就登上了人气排行的榜首，筹得4 503 450元，获得21 100人的支持。如图6-6所示。

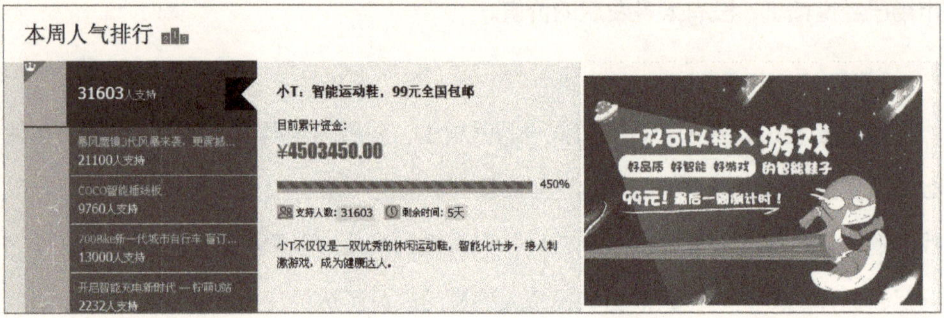

图6-6　淘宝众筹“小 T：智能运动鞋”项目

该项目的趣味性表现在智能方面，它并不是一款平常的鞋子，而是一款智能跑步鞋，可以记录穿鞋的人每天走了多少步。同时，配有与鞋子同套的手机App，用户可以根据手机上的数据来对自己的运动做调整。它不但能满足跑步者的需求，还能满足日常散步、购物、休闲旅行时的需求。能根据不同的应用场景做出不同的需求，如图6-7所示。

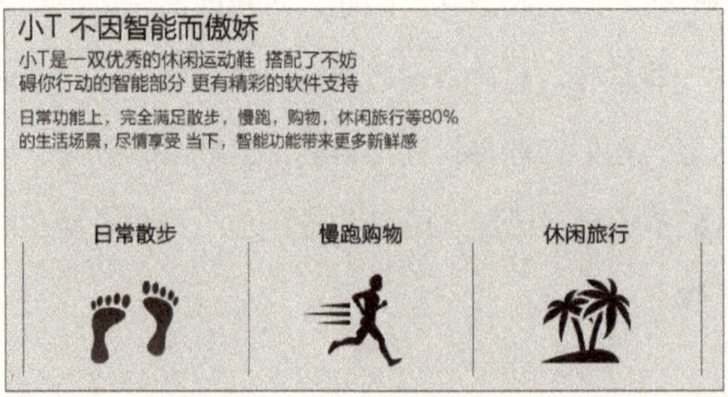

图6-7　产品功能说明

我们平常的鞋子并没有这种功能，即使有，价格也是高昂得让用户却步。但是这款鞋子不但拥有颇具趣味的智能功能，价格还非常低廉，只需要 99 元。超高的性价比，让很多投资人产生了兴趣。他们让自己成为投资人之外，还会在自己的微信、微博上做宣传，吸引更多的人关注这个项目。从 21 100 个支持者这个数据，即可看出，趣味性的项目有多么吸引人了。

给众筹项目添加一个有趣味性的噱头

可以给众筹项目添加一个趣味性的噱头，这样更容易引起潜在投资人的注意。以趣味性的噱头配合趣味性的内容，让这个项目更加吸引人。例如京东众筹与国航的合作，在 2 月 15 日、16 日两天从北京飞往成都以及重庆的两个航班进行众筹。国航给这次的众筹项目取了一个有趣的名字“众筹互联网航班，完美回家体验”。很多投资人都被这个充满趣味的名字引发了好奇心。

给众筹项目设计一个充满趣味性的内容

一个项目要有趣味性，那么内容的设计是很重要的。内容为王，投资人无论是受什么吸引而来的，内容才是最终决定他们是否投资的点。就是这次的“众筹互联网航班完美回家体验”，国航为此设计了 4 个档位，每个档位的内容都非常的有趣。第一档是支持 1 元钱就有机会博取 20 个幸运名额，该名额可获得活动开始半年内国航实际承运国内线任意路线一张。此外，还有可能获得京东商城满 100 元减 5 元的优惠券一张。这种纯奖励性的玩法就充分体现了该众筹项目的趣味性。支持 9 元的就可参加第二档游戏，并有机会获得 72 个头等舱名额，该名额还包括到用车接送服务、爱康国宾体检套餐电子券、微电影全程跟拍以及“神秘过年大礼包”等等。国航将每一个项目都设置得非常有趣，因此吸引了不少人参加。很多参与活动的投资人，都把这个有趣的众筹项目发布到自己的社交媒体上，与自己的朋友进行分享。

一个有创意的、成功的、能引发口碑效应的众筹项目，必定具备趣味性这一因素。所以，各个创业者如果想要自己的众筹项目获得成功，就应该好好地把握住这一点。

6.3 众筹资金的拟定有技巧

众筹资金的设定是一门很深的学问，高了低了都有其技巧所在。设定得越高，项目的成功率就越低，但是低了，资金的需求又得不到满足。众筹资金的设定是项目成败的关键点，因此这个度的把握是非常重要的。

案例分享

淘宝众筹项目上有一个“COCO智能插线板”项目，该项目的资金设定就非常的合理。该项目的产品是一个智能插头，这个插头有5项功能，一是手机远程遥控，二是4个新国标组合，三是过载保护，四是750度高温阻燃，五是10年插头寿命（见图6-9）。该产品提供定时开关功能，可以按照用户的需求进行定时开关，还可远程遥控，即使出门在外，通过手机App，就可对其进行设定。这些优点都是普通插头所不具备的，而且价格也非常合适。只要支持39元就可获得该产品，市面上普通的插头也需要几十元。除了其功能的强大，还有其防高温、防燃烧的功能彻底解决了用户平常所担心的电线着火的问题。种种数据表明，这种产品是很受市场欢迎的，如图6-8所示。

图6-8 淘宝众筹“COCO智能插线板”项目

图 6-9 产品五大功能

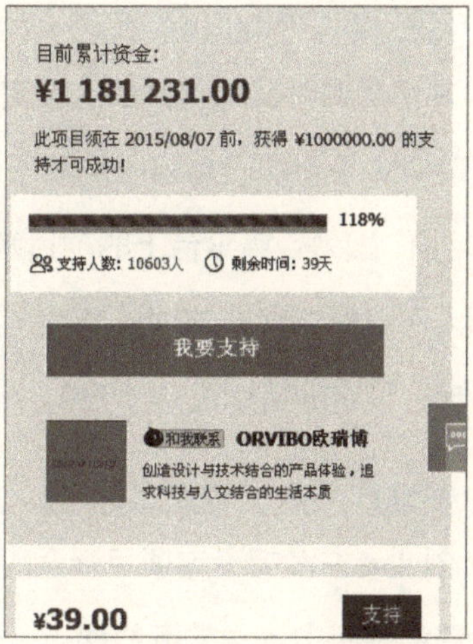

图 6-10 项目众筹成功

该项目的发起人对自己的产品也很有信心，相信这种高度性价比的产品肯定能得到投资人的认可。于是他将项目资金设定为 1 000 000 元，这么高的目标资金，在普通的小家电众筹项目中是少之又少的。但是发起人并不是自大，而是根据市场需求的数据而设定目标资金。

事实表明，发起人目标资金的设定并没有太高，反而有点低了。项目上线仅6天，就获得了 10 603 人的支持，筹得资金 1 181 231 元，此时距离项目结束还有 39 天。该项目也成功登上淘宝众筹本周人气排行榜第三名，如图 6-10 所示。

目标资金不要设定得太高

经验告诉我们，设定一个较低的融资目标可以带来很多好处。例如，你设定了 1 万元的目标资金，结果却筹到了 10 万元，其影响力肯定会高于目标资金 1 万元。当你的项目在 1 天之内就获得了成功，就会出现在最受欢迎项目的列表中，很多众筹平台都设定了这一栏目，每周都会评比出高人气的众筹项目，例如淘宝的“一周人气榜”。无论如何，短时间内突破目标对项目是有帮助的。

目标资金的设定要合理

并不是说所有的项目都是设定的越低越好，关键在于与自身的项目特质相符合，设定的资金是否能满足自己的需求。设计合理的筹资总额有助于众筹项目的成功完成。目前，国内众筹平台上的项目筹资总额拟定一般不超过10万元，股权众筹除外。发起人可以根据自己的项目情况，拟定一份完整的资金需求表，以确定自己需要的资金额。设定的目标资金不要与这个需求偏离太多，否则会阻碍项目的成功。

根据数据来设定资金

创业者在发起设定项目资金时，要彻底了解自己的产品以及市场的需求。产品的功能能满足市场中的哪些痛点，这个市场有多大。然后再根据这些数据来设定自己的目标资金，这样就不会因为设定得过高而导致项目众筹失败，也不会因为过低而无法满足自己的资金需求。

创业者不要小看这个资金设定，认为它只是一个单纯的数据。它对于项目是至关重要的，因此要充分重视，充分把握其设定的技巧。

6.4 项目回报有门道

一个众筹项目能不能吸引投资人，除了看项目的创意之外，项目的回报也是非常重要的一点。回报设置得好，自然就能吸引投资人的投资。可以说，无论是哪种众筹模式的项目，都设定了回报，即使是公益项目的众筹也一样，发起人也会根据不同的支持档位，设定不同的回报内容，如图6-11所示。

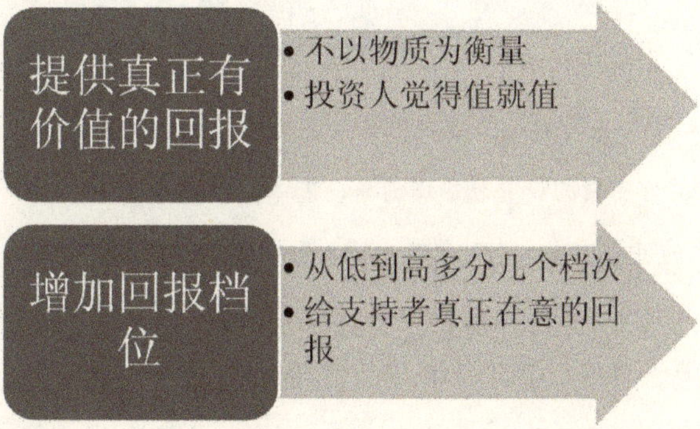

图 6-11　项目回报设置

6.4.1　提供真正有价值的回报

要让投资人投资你的项目，最重要的就是看你能不能给他们提供真正有价值的回报，这些回报是否是他们所需要的，是否是他们认为值得的。创业者在设置项目回报时，要以恰当、适度和可兑现性为原则。不要设定一些自己不现实的、自己兑现不了的回报。项目回报也不是说越多越好，也不是回报越多大家就越愿意支持。

那么什么是真正有价值的回报呢？有时可以以物质来衡量，例如产品项目的众筹，那么这些回报的内容就设置得非常赤裸，但是投资人并不介意，因为他们投资这个项目，就是因为想要获得这个产品。有些项目的回报就不是物质来衡量了，而纯粹的就是一种精神上的满足，例如一些公益项目的众筹。投资人在给公益项目做投资时，并不是抱着一种要得到回报的想法，有时只是一份简单的电子感谢信，就能让他们感到物有所值。还有就是一些文化产业项目的众筹，投资人会投资这个项目，是因为对这种文化的喜爱，希望这种文化得到传播，得到传承，所以有时即使是支持几千，甚至几万，他们所要的就是一本书，或是一张音乐 CD 而已。

案例分享

图 6-12 就是由吉祥中国爱心公益在京东众筹发起的爱心公益项目“天冷了，让孩子们盖上新棉被”。该项目回报的设置就非常简单，基本上就是电子感谢信和当地特级黑木耳。最高档位 20 000 元的回报内容，也只是增加了到当地旅游，项目方承担当地食宿费用而已。虽然回报设置得非常简单，仍然有很多爱心人投资了这个项目，离项目结束还有 6 天，就已获得 2 075 人的支持，筹得资金 105 463 元。这些投资人并不在意回报，而只是希望能帮助这些孩子。因此，即使回报很简单，对他们来说也是最有价值的。

图 6-12　京东众筹“天冷了，让孩子盖上新棉被”项目

同时，对于项目回报的设置，项目方也是按照自己的能力来设置，无论是电子感谢卡，还是招待投资人到当地旅游，都是自己力所能及的。因为投资人到当地旅游居住的是当地居民的家里，食宿也在那，并不会产生高额费用。

众筹项目回报的设置有很多种，关键就是看是否能符合投资人的观念，只要他们认为物有所值就自然会进行投资。

6.4.2　增加回报档位，提升吸引力

创业者应该多设置一些回报档位，按照不同档位的支持资金来设定回报的内容。

创业者可以结合项目特点与融资目标，对你的目标人群进行分析，并将之划分为几个支持档次，从而设定合理的回报内容。在对投资人群进行分析的基础上，抓住不同档位的支持者最感兴趣的东西或是最在乎的需求，给他们最恰当的回报方案。

案例分享

京东众筹上的“雷神钢板911M游戏本”众筹项目就设置了多种回报档位，分别有1元、4 998元、5 998元、6 498元、6 998元、7 998元、10 998元、29 440元、10 000元、500 000元的档位。每个档位的回报都非常有意思。1元档位可以算是无私贡献型的，投资的用户有机会获得该产品。支持这个项目的人数5 641位。4 998档位的回报内容则是游戏本一台、筑梦卡一张，成为雷神东家粉丝，该档位获得950个人的支持。5 998元档位的则是雷神笔记本、雷神金属鼠标，市场价位399元、筑梦卡一张，获得1 037人的支持。最高档位500 000元档位的回报内容则是911M-M2游戏本40台，M3 40台、筑梦卡一张，有8个投资人对此进行了支持。每个档位都有每个档位的回报内容，投资人可根据自己的需要进行选择。该项目结束后，总共筹得资金27 500 730元，获得28 302名支持者的支持，如图6-13所示。

图6-14所示为500 000元档位回报的内容。

图 6-13 京东众筹“雷神钢板 911M 游戏本”项目

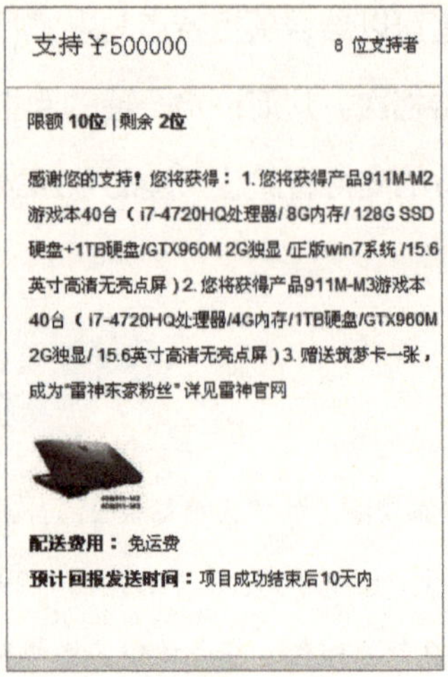

图 6-14 500 000 元档位回报内容

最后，需要注意到的是，因为项目会设置很多种档位，因此回报内容要尽量简洁易懂。在信息大爆炸的时代，人们的选择太多、耐心太少，太过复杂的内容会让支持者失去进一步不了解和支持的兴趣和耐心。

6.5 提前做好产品生产时间延迟的准备

无论是谁都无法把每件事都算得特别精准，有很多意外事件是自己无法掌控的。众筹项目的进行也是这样。例如当创业者众筹成功后，对投资人的承诺是第一批产品将会在众筹项目完成后的 3 个月出货，但却因为某些不可控制的因素，导致了产品的生产时间变化，因此引发了支持者的不满。对此，创业者应提前就做好产品生产时间延迟的准备，做好准备，才会在事情发生时不至于手忙脚乱，才能最大限度地消除支持者的不满。

案例分享

知名作家、编剧徐昊原为自己的2015年新书《来一场不念过往的旅程》在京东上发起了众筹，项目结束后共筹得9 990元的资金。这是他第一次接触众筹，此次的项目可以说只是试探一下市场，不过，显然他的第一次众筹非常成功，如图6-15所示。

图6-15 淘宝众筹《来一场不念过往的旅程》项目

虽然是第一次参加众筹，但是徐昊原为此做了很多的准备工作。除了了解众筹的有关资料，在众筹过程中，需要注意的各个点也做了充分的了解。其中就包括“提前做好生产时间延迟的准备”，因此将原本答应半个月发货的承诺改为了一个月。

幸亏，徐昊原将时间延长到了一个月，因为在众筹成功后，新书的出版和印刷出了点问题，比原先预定的时间晚了一个星期。不过因为徐昊原多给自己留了半个月的发货时间，即使晚了一个星期也不用担心没有做到自己的承诺，而导致投资者的不满。最后，徐昊原在承诺的时间内将所有的书籍送到了投资人的手中。

向投资人表现出自己充分的道歉诚意

当确定产品生产时间延迟之后，项目发起人应及时做出补救措施，最大限度地消除投资者的不满情绪。发起人可以向投资人打电话、发邮件、发送QQ，说明产品延迟发货的原因，并表示歉意，最好承诺向投资人再送些小礼物。只要够有诚意，在一般情况下，大部分投资人都会表示理解，甚至会觉得对方的服务态度很好，处理问题很到位，从而加深对项目的满意度。

给自己留出富裕的配送时间

创业者在承诺发货时时间时，一定不能将时间卡得紧紧的，要考虑到万一出现产品生产时间延迟的情况，给自己留出富裕的配送时间。例如，创业者设想的是，第一批产品将会在众筹项目完成后的一个月后发货，然而在项目开始后，产品的生产计划延迟了半个月，导致了支持者的不满。如果创业者在设定发货时间时，给自己留出了富裕的时间，多出半个月的时间，甚至是一个星期的时间，那么支持者的不满情绪肯定不会这么大。因此，给自己留出富裕的时间，配送时间稍微晚一点，并不会对你的融资结果产生多大的影响。

总之，不管是众筹也好，还是做其他的事情也好，都要事先做好准备，把所有可能出现的情况，都先想好并计划好应对的方案。这样当出现问题时，才能沉着应对，并把事情处理得很完美。

6.6 众筹也要关注转化率

很多人以为只有做电商的才需要转化率，其实不然，众筹项目也是需要关注转化率的，它的性质其实和电商转化率的性质一样，都代表着流量的精确性，以及推广营销、市场的定位是否正确。如果你的转化率过低，就代表着你的文案的设计、推广的渠道、市场的定位出现了问题，视频、图片和奖励设置都需要进行微调了。

案例分享

例如，淘宝众筹一个移动电源的项目，该项目截至目前已成功获得 1 722 人的支持，筹得资金 368 271 元，此时距离项目结束还有 14 天。这个项目的收藏量为 3 233 人，支持人数为 1 722 人，这代表着该项目的转化率非常不错。为什么这个项目能得到这么高的转化率呢？

这就关系到文案设计、宣传推广、市场定位的问题了，如图 6-16 所示。

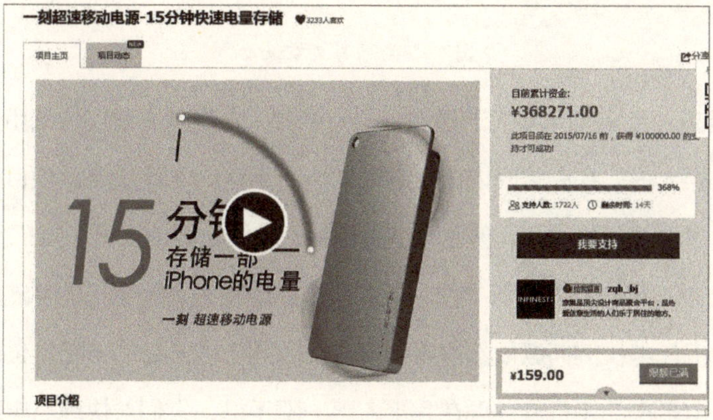

图 6-16　淘宝众筹“15 分钟充满移动电源”项目

文案设计：从图 6-17 中，我们可以看出它的文案设计得非常棒，“在机场、咖啡馆、学校，甚至家里为了给手机充电，常在插座旁等上一个小时”“在临出门时发现手机没有足够的电量”“在车上给手机充电，速度缓慢”，简单的 3 句话就将手机用户的充电痛点问题给点了出来，直击用户内心，再配上真实的环境写照图片，让用户实实在在地感觉到自己生活中就是这个样子的。然后再说明自己的产品能彻底地为用户解决这个痛点问题：“15 分钟充满一部 Iphone 所需要的电量，帮你摆脱充电的束缚……”说明痛点，解决痛点，这样的文案设计无疑是最吸引人的。投资人一看到就会对产品产生兴趣，在彻底了解后进行投资，项目的转化率也就提高了。

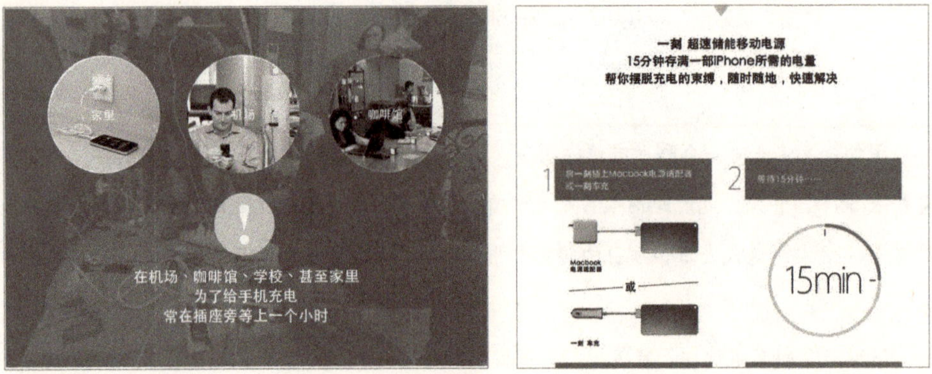

图 6-17　项目文案设计

宣传推广：淘宝众筹依托的是淘宝电商平台，本身就有着庞大的用户基础。创业者依托这棵大树，在淘宝网内做针对性宣传。淘宝内的流量是该项目的主要流量来源。除了寻求平台的帮助，创业者也在相关的微博、微信上做了推广。

市场定位：该产品的市场定位就是手机族，现在的智能手机的样式越来越多，但是智能手机耗电快的问题依然得不到解决。因此，该产品的市场定位就是那些每天都需要充电多次的手机族。现在几乎人手一部手机，人们对快速充电的需求非常强烈。可以说，这款产品的市场需求量非常庞大。

这个项目之所以获得高转化率，就是因为项目发起方准确地抓住了用户痛点并将之完美地在文案中体现出来，宣传推广、市场定位也非常精准。

有好的文案才有好的转化率

文案设计可以说是众筹项目最为重要的部分，也是提高转化率的关键点。如果众筹项目文案设计得很差，不能打动投资人，那么投资人自然不会投资你的项目。特别是产品众筹项目，投资人看的就是该款产品是不是符合自己的需要，能不能让自己满意。如果你的文案设计不能体现出投资人所需要的点，那么想要获取高转化率是不可能的。那么什么是好的文案设计呢，其实不外乎 3 点，就是文字、图片、视频。这 3 种是每个众筹项目文案都有的，但并不是每个众筹项目都能做好的。其实做好这 3 点很简单，就是抓住用户的痛点来做，点明用户的痛点，然后再说明产品能帮助用户解决这个痛点。

定位好宣传推广渠道以及市场

宣传推广渠道和市场定位的准不准确，对于项目的转化率来说是非常重要的。如果宣传推广渠道的接收人群和产品项目的目标人群不一致，那么花再多的钱做宣传也达不到理想的效果。因为接收信息的这批人群对产品根本不感兴趣，没有投资的需求和欲望。市场定位也是如此，定位不准确，那针对目标人群的宣传推广也就不准确了，因此，为项目吸引的大多都是无用的流量。

众筹也需要关注转化率，转化率越高，项目所花费的成本也就越低，项目所需要的细节更改也就越少。可以说，与电商一样，转化率对于众筹也是非常重要的。

第七章

风险：安全为上，防范为本

众所周知，众筹有着不小的风险。我们时常可以听到关于众筹的一些负面消息，例如谁谁被骗了，谁谁赖账，谁谁卷款私逃，谁谁犯法被抓了等。这些屡屡被爆出的负面新闻正是众筹人所担心的，也是阻碍众筹在中国发展的一大因素。每个行业都有风险，难道有风险就不做了吗？其实只要做好安全防范工作，不给自己触法的机会，不给自己被骗的机会就好了。

7.1 众筹有风险，读懂法律很重要

我们经常可以听到，谁谁众筹成功了，筹到了多少资金，打破了纪录，但那些因做众筹触犯了法律的新闻也不绝于耳。众筹模式在中国还很不完善，相对应的法律法规也很模糊，因此很多人一不小心就犯了法。对于传统的互联网创业者来说，失败了还有东山再起的机会，最多产生一些经济损失。但是对于互联网金融创业者，如果一不小心触碰到了法律红线，那就很难再从头再来了。互联网金融存在着巨大的风险，而众筹恰恰是互联网金融模式中需要面临最大法律风险的一种模式。因此，如果我们要避开法律风险，就先要读懂法律。

7.1.1 众筹刑事法律风险

翻看国内关于众筹的法律法规，众筹面临最大的法律风险就是刑事法律风险。众筹可能会面临非法集资罪的风险。那么什么是非法集资罪，众筹与之有什么区别，创业者又该如何避免呢？刑法对非法集资做了专门的规定，将非法集资分为两个罪名；一是非法吸收公众存款罪，二是集资诈骗罪。

1. 非法吸收公众存款罪

非法吸收公众存款罪是创业者可能遇到的第一个刑事法律风险。我国刑法第一百七十六条明确规定，非法吸收公众存款是指违反国家金融管理法规，非法吸收公众存款或变相吸收公众存款，扰乱金融秩序的行为。非法吸收公众存款罪有 4 个基本特征：非法性、公开性、利诱性、社会性。即未经有关部门依法批准或者借用合法经营的形式来吸收资金；通过媒介、推介会、传单、手机短信等途径向社会公开宣传；承诺一定期限内以货币、实物、股权等方式还本付息或者给付回报；向社会公众即社会不特定对象吸收资金。

最高人民检察院、公安部为了进一步明确非法吸收公众存款的定罪和量刑，联合制定发布了《关于经济犯罪案件追诉标准的规定》，根据该规定涉嫌下列行为，应予追诉。

一，个人非法吸收或者变相吸收公众存款，数额在 20 万元以上的；单位非法吸收或者吸收公众存款，数额在 100 万元以上的。

二，个人非法吸收或者变相吸收公众存款 30 户以上的；单位吸收或者变相吸收公众存款 150 户以上的。

三，个人非法吸收或者变相吸收公众存款给存款人造成直接经济损失数额在 10 万元以上的；单位非法吸收或者变相吸收公众存款给存款人造成直接经济损失数额 50 万元以上的。

创业者如果涉嫌以上行为，根据刑法第一百七十条规定："非法吸收公众存款或者变相吸收公众存款，扰乱金融秩序的，处 3 年以下有期徒刑或拘役，并处或者单处 2 万元以上 20 万元以下罚金；数额巨大或者有其他严重情节的，处 3 年以上 10 年以下有期徒刑，并处以 5 万元以上 50 万元以下罚金，单位犯前罪款的，对单位判处罚金，并对其直接负责的主管人员和其他直接责任人员，依照前款的规定处罚。"

本罪立案标准的第一项规定："个人非法吸收或者个人非法吸收或者变相吸收公众存款，数额在 20 万元以上的；单位非法吸收或者吸收公众存款，数额在 100 万元以上的，"应当立案追究。

根据以上的法律规定说明以及案例详解，创业者应当懂得如何避免触犯"非法吸收个人公众存款罪。"

2. 集资诈骗罪

众筹会面临的第二个刑事法律风险，就是集资诈骗罪。一旦触及，将受到比非法吸收公众存款罪更严重的惩罚。那什么是集资诈骗罪呢？我国刑法对此有详尽的规定，具体如下。

我国刑法第一百九十二条专门规定了集资诈骗罪，根据规定，集资诈骗罪是指以非法占有为目的，使用诈骗的手段非法集资、数额较大的行为。

集资诈骗罪的法律条文，具体如下。

《中华人民共和国刑法》第一百九十二条【集资诈骗罪】以非法占有为目的，使用诈骗方法非法集资，数额较大的，处5年以下有期徒刑或者拘役，并处2万元以上20万元以下罚金；数额巨大或者有其他严重情节的，处5年以上10年以下有期徒刑，并处5万元以上50万元以下罚金；数额特别巨大或者有其他特别严重情节的，处10年以上有期徒刑或者无期徒刑，并处5万元以上50万元以下罚金或者没收财产。

《中华人民共和国刑法》第一百九十九条【部分金融诈骗罪的死刑规定】犯本节第一百九十二条规定之罪，数额特别巨大并且给国家和人民利益造成特别重大损失的，处无期徒刑或者死刑，并处没收财产。

《中华人民共和国刑法》第二百条【单位犯金融诈骗罪的处罚规定】单位犯本节第一百九十二条、第一百九十四条、第一百九十五条规定之罪的，对单位判处罚金，并对其直接负责的主管人员和其他直接责任人员，处5年以下有期徒刑或者拘役，可以并处罚金；数额巨大或者有其他严重情节的，处5年以上10年以下有期徒刑，并处罚金；数额特别巨大或者有其他特别严重情节的，处10年以上有期徒刑或者无期徒刑，并处罚金。

至于数额巨大、特别巨大的起点，参照最高人民法院1996年12月16日《关于审理诈骗案件具体应用法律若干问题的解释》的规定，个人集资诈骗20万元以上，单位在50万元以上的，便可认定为数额巨大；个人诈骗在100万元以上，单位在

250万元以上的，则可认定属于数额特别巨大。

非法集资罪的立案标准，具体如下。

根据最高人民检察院、公安部《关于经济犯罪案件追诉标准的规定》的规定，以非法占有为目的，使用诈骗方法非法集资，涉嫌下列情形之一的，应予追诉：一，个人集资诈骗，数额在10万元以上的；这主要是指以非法占有为目的，使用诈骗方法非法集资，个人集资诈骗数额累计达到10万元以上的。所谓“以非法占有为目的”，是指犯罪行为人在主观上具有将非法募集的资金据为己有的目的。所谓“诈骗方法”，是指行为人采取虚构集资用途，以虚假的证明文件和高回报率为诱饵，骗取集资款等手段。二，单位集资诈骗，数额在50万元以上的。

根据最高人民法院《关于审理诈骗案件具体应用法律的若干问题的解释》的规定，具有下列情形之一的，应当认定其行为属于“以非法占有为目的，使用诈骗方法非法集资”：①携带集资款逃跑的；②挥霍集资款，致使集资款无法返还的；③使用集资款进行违法犯罪活动，致使集资款无法返还的；④具有其他欺诈行为，拒不返还集资款，或者致使集资款无法返还的。对于实施上述非法集资的行为之一，数额达到10万元以上的，公安机关就应当立案侦查。

3. 欺诈发行证券罪

欺诈发行证券罪的构成要件，具体如下。

客体要件：本罪侵犯的客体是复杂客体，即国家对证券市场的管理制度以及投资者（即股东、债权人和公众）的合法权益。

客观要件：①行为人必须实施在招股说明书、认股书、公司、企业债券募集办法中隐瞒重要事实或者编造重大虚假内容的行为。②行为人必须实施了发行股票或公司、企业债券的行为。如果行为人仅是制作了虚假的招股说明书，认股书，公司、企业债券募集办法，而未实施发行股票或者公司、企业债券的行为，不构成本罪。必须是既制作了虚假的上述文件，且已发行了股票和公司、企业债券的才构成本罪。

③行为人制作虚假的招股说明书、认股书、公司债券募集办法发行股票或者公司、企业债券的行为，必须达到一定的严重程度，即达到“数额巨大、后果严重或者有其他严重情节的”才构成犯罪。

根据司法实践，具有下列情形之一的，应当追诉。

①发行数额在500万元以上的。②伪造、变造国家公文、有效证明文件或相关凭证、单据的。③利用募集的资金进行违法活动的。④转移或者隐瞒所募集资金的。⑤其他后果严重或有其他严重情节的情形。

主体要件：本罪的主体主要是单位。自然人在一定条件下也能成为犯罪的主体。

主观要件：本罪在主观上只能依故意构成，过失不构成本罪。即行为人明知自己所制作的招股说明书、认股书、债券募集办法等不是对本公司状况或本次股票、债券发行状况的真实、准确、完整反映，仍然积极为之者。因而本罪行为人的罪过实质是诈欺募股或欺诈发行债券。

我国刑法对欺诈发行证券罪的处罚，具体如下。

第一百六十条　在招股说明书，认股书，公司、企业债券募集办法中隐瞒重要事实或者编造重大虚假内容，发行股票或者公司、企业债券，数额巨大、后果严重或者有其他严重情节的，处5年以下有期徒刑或者拘役，并处或者单处非法募集资金金额百分之一以上百分之五以下罚金。

单位犯前款罪的，对单位判处罚金，并对其直接负责的主管人员和其他直接责任人员，处5年以下有期徒刑或者拘役。

欺诈发行证券罪的立案标准，具体如下。

在招股说明书，认股书，公司、企业债券募集办法中隐瞒重要事实或者编造重大虚假内容，发行股票或者公司、企业债券，涉嫌下列情形之一的，应予追诉。

一、发行数额在500万元以上的；

二、伪造、变造国家公文、有效证明文件或相关凭证、单据的；

三、利用募集的资金进行违法活动的；

四、转移或者隐瞒所募集资金的；

五、其他后果严重或有其他严重情节的情形。

4. 擅自发行股票，公司、企业债券罪

擅自发行证券罪的构成要件，具体如下。

客体要件：本罪的客体为复杂客体，即国家对证券市场的管理制度以及投资者和债权人的合法权益。发行股票，公司、企业债券，是企业在市场经济下的一种有效的集资手段。

所谓股票是股份有限公司签发的证明股东所持股份的凭证。股份有限公司的资本划分为若干股份，股份采取股票的形式，每一股的金额相等，同股同权，同股同利。因此股票的发行即是股份的发行。股份的发行分为两种情况。

（1）为设立公司而首次发行股份，可以有两种方式：第一种是发起设立，即由发起人认购公司应发行的全部股份；第二种是募集设立，即由发起人认购公司应发行股份的一部分，其余部分向社会公开募集。

（2）发行新股。即股份有限公司为扩大经营规模、扩大资本总量而进行的发行股票、筹集资本的行为。

所谓公司债券是指公司依照法定程序发行的，约定在一定期限内还本付息的有价证券。根据《公司法》的规定，股份有限公司、国有独资公司和两个以上的国有企业或者其他两个以上的国有投资主体投资设立的有限责任公司，为筹集生产经营资金，可以发行公司债券。

所谓企业债券，是指企业依照法定程序发行、约定在一定期限内还本付息的有价证券。

客观要件：本罪在客观方面，行为人必须实施了未经国家有关主管部门的批准，擅自发行股票，公司、企业债券，数额巨大、造成严重后果或者有其他严重情节的行为。

（1）行为人须有发行股票，公司、企业债券的行为。如果尚未发行或正在准备发行的，不构成本罪；同时，如果不是采取发行股票，公司、企业债券的方式，而是采取其他方法非法集资的，也不构成本罪，例如公司之间以高利贷方式相互拆借资金，如果构成其他罪，应依照本法的有关规定处罚。这是因为本罪所惩治的是侵犯股票，公司、企业债券发行管理制度的行为。

（2）行为人发行股票，公司、企业债券的行为是擅自进行，未经国家有关主管部门批准的。这包括两种情况。

① 既不具备发行股票、公司债券的条件，又未得到有关主管部门的批准。关于股票发行的条件，《公司法》规定，对于募集设立公司的，发起人认购的股份不得少于公司股份总数的百分之三十五，其余股份应向社会公开募集，向社会公开募集股份必须向国务院证券管理部门递交募股申请，并报送有关文件，国务院证券管理部门经审查，对符合《公司法》规定条件的募股申请，予以批准；对不符合规定条件的募股申请，不予批准。

② 虽符合法律规定发行股票的条件，但未经有关主管部门的批准。这里的“未经批准”既包括根本未向主管部门提出申请，也包括虽然提出申请，但未得到批准和对已做出批准决定但发现不符合法律规定，又予以撤销后仍然发行股票，公司、企业债券；还包括虽经过批准，但未按照规定的方式、范围发行股票，公司、企业债券的，例如超出招股说明书所载明的股票发行总数；超额发行股票的，有关主管部门批准的是按股票票面金额发行，但行为人却擅自以超过票面金额的价格溢价发行股票；超出国务院证券监督管理机构批准的公司债券发行规模发行公司债券等。

主体要件：本罪的主体要件为一般主体，凡达到刑事责任年龄并具备刑事责任能力的自然人均能构成本罪，依本条第 2 款之规定，单位亦能成为本罪主体。单位犯本罪时，实行两罚制，即既对单位判处罚金，又对其直接负责的主管人员和其他直接责任人员判处相应的刑罚。

主观要件：本罪在主观方面表现为故意，过失不构成本罪。

我国刑法对擅自发行证券罪的处罚，具体如下。

第一百七十九条　未经国家有关主管部门批准，擅自发行股票或者公司、企业债券，数额巨大、后果严重或者有其他严重情节的，处五年以下有期徒刑或者拘役，并处或者单处非法募集资金金额百分之一以上百分之五以下罚金。

单位犯前款罪的，对单位判处罚金，并对其直接负责的主管人员和其他直接责任人员，处五年以下有期徒刑或者拘役。

7.1.2　众筹行政法律风险

如果众筹的情节和后果还不那么严重，没有触及刑事法律，达不到立案标准，在此情况下则可能会触及行政法律风险。

1. 证券类行政违法行为

如果项目发起人没有得到相关批准就公开发行股份，在未达到刑事立案标准的情况下，则有可能构成行政违法行为，需依法承担行政违法责任，由证券监督机关给予行政处罚。对于证券类行政违法行为的相关法规为：

根据《中华人民共和国证券法》第十条规定：公开发行证券，必须符合法律、行政法规规定的条件，并依法报经国务院证券监督管理机构或者国务院授权的部门核准；未经依法核准，任何单位和个人不得公开发行证券。

有下列情形之一的，为公开发行：①向不特定对象发行证券的；②向特定对象发行证券累计超过二百人的；③法律、行政法规规定的其他发行行为。非公开发行证券，不得采用广告、公开劝诱和变相公开方式。

公开发行的概念：发行证券，分为公开发行和非公开发行两种方式。公开发行主要是指向社会公众发行，由于涉及公众利益，国家对公开发行行为要进行监管。非公开发行主要是指向一定数量的特定对象发行证券，这种发行涉及人数较少，且投资者对发行人的情况比较了解，发行行为对社会影响较小，国家对这种行为一般不进行监管。

法律对公开发行的界定

①向不特定对象发行证券。这是指向社会公众发行证券，发行对象的不特定性，是公开发行的特征之一。无论发行对象人数多少，只要是不特定的社会公众，都属于公开发行。

②向累计超过二百人的特定对象发行证券。“特定对象”主要包括发行人的内部人员，如股东、公司员工及其亲属、朋友等，以及与发行人有联系的公司、机构和人员；另一类是机构投资者，如基金管理公司、保险公司等。向特定对象发行证券，一般涉及人数较少，发行对象与发行人有一定联系，对发行人的情况比较了解。所以向特定对象发行证券是非公开发行的特征之一。但是如果特定对象人数过多，就失去了非公开发行本身所具备的人数较少的特征，实质上属于变相的公开发行。因此，界定公开发行还应当考虑人数。为此，本条对特定对象的人数规定为累计超过二百人即属于公开发行。对人数规定为“累计”，目的是防止发行人通过多次向不超过二百人的特定对象发行证券，规避国务院证券监督管理机构或者国务院授权的部门的核准和监管。根据本条规定，如果向特定对象发行证券，无论发行多少次，累计不得超过二百人；否则，即属于公开发行，必须报经国务院证券监督管理机构或者国务院授权的部门核准。

③法律、行政法规规定的其他发行行为。这是一种概括性规定，即除前两项关于对公开发行的界定外，其他法律、行政法规规定的属于公开发行的行为。此外，本条还对非公开发行证券作了规范，即向二百人以下的特定对象发行证券，不得采用广告、公开劝诱和变相公开方式，否则即属于公开发行，这是从发行手段上界定属于公开发行的情形。

证券类行政违法的法律责任

《中华人民共和国证券法》第一百八十条 未经法定机关核准，擅自公开或者是变相公开证券发行的，责令其停止发行，退还所募资金并加算银行同期存款利息，处以非法所募资金金额百分之一以上百分之五以下的罚款；对擅自公开或者变相公开发行证券设立的公司，由依法履行监督管理职责的机构或者部门会同县级以上地方人民政府予以取缔。对直接负责的主管人员和其他直接责任人员给予警告，并处以三万元以上三十万元以下的罚款。

2. 非法集资类行政违法行为

如果非法集资行为未达到刑事立案标准，则构成行政违法行为，依法承担行政违法责任，由人民银行给予行政处罚。我国对非法集资类行政违法行为的规定，具体如下：

《非法金融机构和非法金融业务活动取缔办法》（国务院令）第三条 本办法所称非法金融机构，是指未经中国人民银行批准，擅自设立从事或者主要从事吸收存款、发放贷款、办理结算、票据贴现、资金拆借、信托投资、金融租赁、融资担保、外汇买卖等金融业务活动的机构。

非法金融机构的筹备组织，视为非法金融机构。

第四条本办法所称非法金融业务活动，是指未经中国人民银行批准，擅自从事的下列活动：

①非法吸收公众存款或者变相吸收公众存款；②未经依法批准，以任何名义向社会不特定对象进行的非法集资；③非法发放贷款、办理结算、票据贴现、资金拆借、信托投资、金融租赁、融资担保、外汇买卖；④中国人民银行认定的其他非法金融业务活动。

前款所称非法吸收公众存款，是指未经中国人民银行批准，向社会不特定对象吸收资金，出具凭证，承诺在一定期限内还本付息的活动；所称变相吸收公众存款，是指未经中国人民银行批准，不以吸收公众存款的名义，向社会不特定对象吸收资金，但承诺履行的义务与吸收公众存款性质相同的活动。

对非法集资行政类违法的相关处罚为

第十二条　对非法金融机构和非法金融业务活动，经中国人民银行调查认定后，做出取缔决定，宣布该金融机构和金融业务活动为非法，责令停止一切业务活动，并予公告。

第二十二条　设立非法金融机构或者从事非法金融业务活动，构成犯罪的，依法追究刑事责任；尚不构成犯罪的，由中国人民银行没收非法所得，并处非法所得1倍以上5倍以下的罚款；没有非法所得的，处10万元以上50万元以下的罚款。

7.1.3　众筹民事法律风险

在现实案例中，众筹触及最多的法律问题的，就是民事法律风险。在民事法律风险中触及最多的有4类，第一，合同违约纠纷；第二，股权争议；第三，退出纠纷；第四，民事诉讼程序上的问题。

1. 合同违约纠纷

在民事法律风险中，众筹最有可能碰见的就是合同违约。其纠纷产生的原因主要是因为产品质量不符合合同规定、交货期没按合同约定日期执行、回报结果没有按约定完成以及不能按时还款造成的债务纠纷。通常情况下，这类纠纷都会私下和解。在2015年5月12号，北京市海淀区法院受理了首例股权众筹纠纷案。

据报道，该案原告北京诺米多餐饮管理有限公司委托被告北京飞度网络科技有限公司在“人人投”平台上进行众筹融资，融资成功后将以合伙企业形式开设餐饮店。诺米多在签署《委托融资服务协议》后，向“人人投”合作单位易宝支付充值17.6万元，并完成项目选址、签署租赁协议和公示义务。完成相关工作后，飞度则代表诺米多在“人人投”上发起股权融资项目。项目圆满成功，有88位投资者支持了该项目，共筹得资金70.4万元。在开业5天前，诺米多要求飞度交付融资款，但被拒绝。飞度的拒绝理由是对方承租的房屋存在违建、无房产证以及租金过高等问题。诺米多则提出该众筹项目违反了合法企业法人人数不得超过 50 人的规定，而后，诺米多将飞度告上了法庭。这是一场典型的合同纠纷案，因为是首例股权众筹合同纠纷案，因此颇受外界和法院的关注。最终这场合同纠纷案以和解的方式解决。

众筹股权众筹首案，让一些问题浮出了水面。在以后的众筹发展道路中，这类事件该如何避免，成为人们首要解决的问题。

除此之外，还有股权争议和退出纠纷都会引发民事法律风险。如果没有事先设计好退出机制或是对退出的方式设计不当，都会引起大量的纠纷。

2. 股权争议

股权争议是专门针对股权众筹而言的，股权众筹可能引发的争议有 3 个方面：一，股权纠纷，就是股权比例分配引起的问题；二，有关公司治理的纠纷，这是管理方面的，投资人是否能参与公司的管理，对公司的决策是否有决定权；三，如果是采取股权代持方式的股权类众筹，则还会产生股权代持纠纷。

要避免股权纠纷，众筹项目的三方在项目发起之时，就要在合同中明确下来。例如融资人拿出 15% 的股权来融资，每个投资人最低可投资 3 万元，那么合同上就要写明这 3 万元钱投资人能拿到多少股权，这样就可以有效避免日后出现异议。即使迫不得已要走上法律程序，也有个保障。其他两点也一样，都要在合同中一一写明。

3. 退出纠纷

股权类众筹还可能会产生退出纠纷，这个纠纷大部分的原因是平台没有事先设计好退出机制，或是退出机制设计得不完善，存在漏洞。

传统上的私募股权，退出机制主要分为 3 类：①并购和 IPO，这是主要方式；②股权回购，但是法律对此有严格的限制；③股份转让，即可以非公开方式转让给其他投资者，也可以在后续融资中退出，这是传统上的私募股权退出机制，也可运用在股权众筹中。不过股权众筹没有相应的股权交易市场，投资者通过股份转让来退出的可能性很小。虽然现在已出台了有关股权众筹的管理办法，但是也对此做出了限制，明确规定了“股权众筹平台不得提供股权或其他形式的有价证券的转让服务。”

因此，如果要避免退出纠纷，就要建立起相应的股权众筹股份转让系统，这样才能从根本上解决这个问题。

4. 民事诉讼程序上的问题

当众筹触及民事法律风险之时，在民事诉讼程序上也会出现许多麻烦。比如诉讼主体是谁？发起方或是投资人是否有资格？电子认证是否有效？损失确定标准是什么？刑事附带民事诉讼等，这些都是众筹在民事诉讼程序上会遇到的问题。

因此，我们在进入众筹领域时，不仅要考虑到刑事法律红线、行政法律红线、民事法律红线，也要严格遵守。所以在模式设计上，需要严格履行法律有关规定，完善有关法律文件，设定好众筹规则，细化每一个环节，把能触及的法律问题，都用法律文件一一固化下来，这样才能保证项目的顺利进行，避免不必要的民事法律争议产生。

7.2 众筹不触法，防范很重要

谁都不想触犯法律，或是承受任何风险。与其事后诸葛亮，倒不如提前做好防范。一个众筹项目看似简单，其实暗藏着无数风险，因此无论是众筹平台还是创业者，或是投资者都应该懂得如何防范。把握住防范技巧，将风险降至最低。

7.2.1 众筹与非法集资的区别

众筹虽然与非法集资有点相似，但其实有很大的不同。在大部分的情况下，众筹是不会触到风险的。那众筹与非法集资有什么不同呢？如图 7–1 所示。

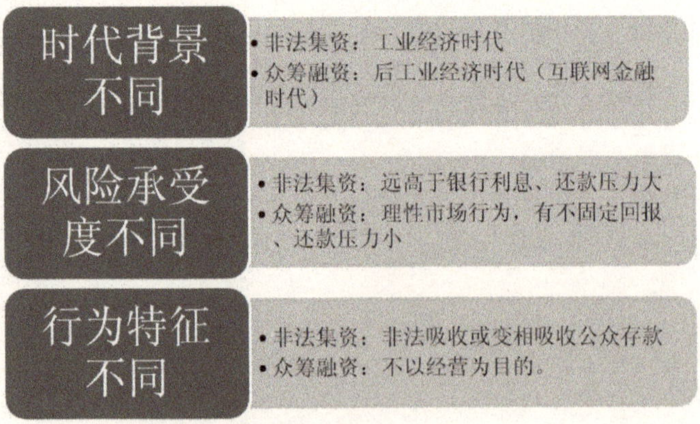

图 7–1 非法集资与众筹融资的 3 大不同点

众筹与非法集资产生的时代背景不同

非法集资罪是在工业经济时代产生的，在我国则打上了很深的计划经济的烙印。在计划经济时代，金融属于国家垄断行业，民间资本无法加入。非法集资罪包括非法吸收公众存款罪、集资诈骗罪、欺骗发行股票债券罪……其中一些罪名都是为了维护现行金融秩序所规定的。

众筹则是后工业时代的产物，创业者可通过社交媒体工具，或是专门的众筹网站发起众筹项目，向公众筹集资金、智慧以及资源，实现快速崛起，这是一种典型的民间小额资金的融资模式。

对发起项目而言风险承受度的不同

众筹相对而言是一种理性的市场行为，例如股权众筹是以募资资金召唤志同道合的投资人为目的，提供固定的回报，例如会员众筹和交付款方式的众筹所设置的折扣或是产品的回报。因此，对募集的资金项目而言，压力较小。

非法集资则不同，它一般以提供远高于银行利息，远高于基金信托产品的收益率等作为回报。因此还款压力非常大，很多项目就是因为承诺的回报太高难以实现从而触犯了非法集资罪。

信息共公开程度的不同

众筹是一种新兴互联网金融的运作形态，从项目的启动、市场定位、众筹计划的发布、产品的研发、产品的制作等各个环节信息全都向外公布。而非法集资项目公开的程度非常有限。他们以遵循商业秘密的保护为借口，投资人在参与之前一般需要签订保密协议，各个环节的信息并不对外公开。

行为特征的不同

非法集资是指非法吸收公众存款或是变相吸收公众存款，违反了金融管理法律规定，采用公共或是变相公开方式，向社会公众（包括单位和个人）吸收资金或者变相吸收资金，并承诺在一定期限内以货币、实物、股权等方式还付本息或者给予回报的行为。集资诈骗罪是以非法占有为目的，使用诈骗方法非法集资，骗取公众较大数额的资金行为。

而众筹并不以提供固定的回报为目的，回报的内容各种各样，但除股权众筹的分红外，不能以任何货币作为回报方式。众筹通常都是以经营实业为目的，并不是为资金本息而筹集资金，是一种正常的生产经营行为。而且大多数众筹项目都有募资资金以及人数的限制，且规定了募集的期限，单笔募资资金数额不大，因此造成的社会影响与非法集资是存在很大差别的。

7.2.2 如何避开刑事或行政法律风险

债权式众筹：其与非法集资的 3 条红线，创业者不能触及。第一，一些 P2P 网络借贷平台会将借款需求设计成理财产品出售给出借者，或是先聚集资金，再寻找借款对象。在这种情况下，众筹平台就会涉嫌非法吸收公众存款罪，因为此时投资人的资金进入了平台的中间账户，产生了资金池。第二，借款人不合格而产生的非法集资风险。某些 P2P 网贷平台未能对借款人进行严格的审核，因此出现了借款人在平台以多个虚假借款人的名义发布大量的借款信息，将募集的资金用于投资房地产、股票、债券、期货，或是直接将众筹资金以高利贷的形式出借以赚取利差，这些借款人的行为就会涉嫌非法吸收公众存款罪。第三，辨明庞氏骗局。个别 P2P 平台发布大量虚假的高利贷信息，并采用在前期借新还旧的庞氏骗局模式，在短时间内募集大量资金，或是自己生产经意，或是卷款潜逃。这类模式都涉嫌非法吸收公众存款罪和集资诈骗罪。

股权式众筹：股权类众筹是所有众筹模式中触及法律风险最高的类型，要避免非法集资罪又有两条红线不能碰，第一是公开（不限制人数，因为涉及不特定人），第二是超过 200 人。如果看到那些具备一定吸引力的股权众筹项目，如果有公开或是超过 200 人数，那么就有可能直接触及自发行股票罪。要避免触犯此类法律风险，可采用实名认证投资人，限于特定的投资人，例如有多名投资人组成的一个平台，以平台的身份投资某个项目，平台中的投资人不对外公开，或是采取线下一对一的方式单谈，再以合伙基金方式投入股权。但证监会对此种方式的“公开”和“不特定”的解释还在调研当中。

奖励式众筹：奖励式众筹采取的是预售＋团购，可以算是所有众筹模式中最为安全的模式，不会触发非法集资红线，但是也需要众筹平台规范运作，严格审核项目发起人资质，对募集的资金做到严格监管。

捐赠众筹：也就是公益众筹，只要做到规范运作，严格审核发起人资质，则不会存在法律障碍。不过捐赠众筹的规定，每个众筹平台都有自己的规定和审核方式。有些众筹平台不允许以个人身份发起公益项目，这样有效避免了非法集资的风险产生。

7.2.3 如何避开民事法律风险

众筹涉及最多的就是民事法律风险，但这类事件一般都是投融资双方在私下解决。不过，一旦出现争议，无论是对项目发起方还是项目投资人都没有什么好处，因此一定要尽量避免不必要的民事法律争议。那么要如何避免呢？

首先，作为平台方，应设立好众筹规则，参与者要严格遵守平台方所设立的规定。同时，相关各方和平台要签署一份协议，这样就能避免平台方与项目发起人或是投资人发生纠纷。如果是违约，则做例外处理。

其次，对于投融资双方，就具体的债、股权投融资签署相关协议。协议的法律效用，可保障双方的利益。

再次，对于股权众筹过程中发生的持股纠纷问题，一定要先签署好股权代持协议，具体的内容可根据双方的实际情况而定。

最后，众筹平台、投资人、发起人都应明确各自的责任，根据各自在众筹过程中的地位签署相应的法律协议。如果将涉及更多的第三方，则应根据在众筹中 的权利和义务做好协议安排，明确职责。

对以上所述几点，众筹各方都应做到。这样可尽量避免不必要的民事法律争议，从而有效地避开民事法律风险。

7.3 严格审核投资者的资格，提前预防风险

如何从投资入手避免众筹的风险？可借鉴《中华人民共和国证券投资基金法》第八十八条中对非公开募集资金中合格投资者的要求。其要求包括3项，收入要求、风险识别承担能力、基金认购金额不得低于规定限额的单位和个人。众筹平台，特别是股权众筹平台可将这3点作为合格投资者审核的一般要求。

首先，每个众筹平台的目标用户都不一样，因此在收入上要对个人和投资机构者核定不同的标准，可参考一定地域范围内的平均工资标准，考量收入是否超过了大众的最低生活消费要求，这样才能在最大程度上保护投资人。其次，对于风险识别能力，应从投资者所投资的行业、投资人以往成功投资的案例来作为考核的标准之一。最后，认购金额的要求。在股权众筹的角度是为了防止一个项目的投资人过度分散。一旦过度分散，则会导致权利义务过度复杂而阻碍众筹项目的发展。

投资者的资格审核应当采取形式审核还是采取实质审核，一直是各大平台头痛的问题。采用实质审核的方式不仅会加重平台的审核负担和成本，也会影响到众筹项目的融资效率，降低众筹模式的及时性、便捷性。如果采取形式审查的方式，那么就融资项目的安全性问题将大打折扣，因为过于宽松的审核方式难以发挥实质性的作用，平台的投资者真实性的免责条款也会导致严格执行审核标准的动力不足。因此，要采取形式审核还是实质审核，是宽是严？平台方要懂得如何平衡。

基于投资人和筹资人对众筹的内在需求，平台对投资者的资格审核可以采取形式审查的方式，但要严格把握审核标准，并要求平台承担一定审核责任。如果由于平台方主管错误造成损失，则应追究平台方的责任。只有这样，才能兼顾到效率和

安全。

同时，对于投资者的进入条件应该进行适当的分类，这样既可满足不同能力的投资者需求，又能保证投资者的安全性，而且实施分类化标准也有利于监督管理的有效实施。

7.4 把握各个细节风险

除了法律上的风险、投资人的风险，众筹项目还有各种各样的细节上的风险需要避免。不要忽略一些小细节，有时，一个项目失败往往就是因为这些细节，如图 7-2 所示。

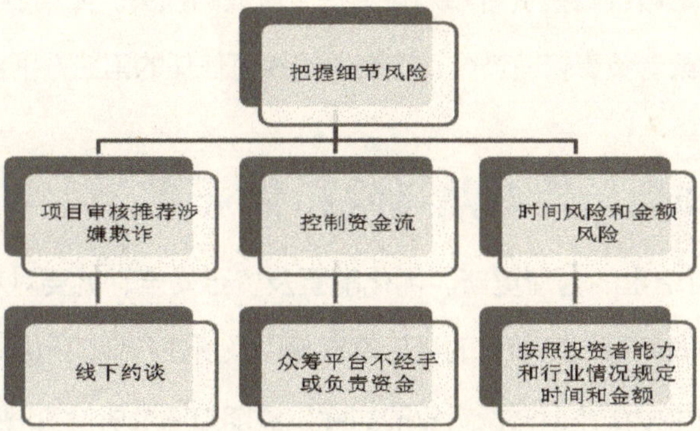

图 7-2 细节风险防控要点

7.4.1 如何防止项目审核推荐涉嫌欺诈

互联网发展的好处就是让信息传递变得更加便捷，但坏处就是因为网络的虚拟化而极大地提高了欺诈的风险。特别是与互联网金融紧密联系在一起的股权众筹，其中项目审核推荐欺诈就是其中的要点。

那么要如何防止呢？线下约谈是一个很好的预防方式。投资人和筹资人可以先在网上进行联系，经过初步了解，有了合作的意愿之后再进行线下约谈，进一步了解对方的情况。面对面的接触可有效降低合同欺诈的可能性，不过也相应提高了成本；同时，还会涉及更多的信息披露以及公司的财务状况等。

7.4.2 如何控制资金流

众筹平台起到的主要作用就是利用投资者的富余资本对筹资者进行优化配置，并以此来提高富余资本的利用效率，从而解决因为信息不对称而导致的资本资源浪费的问题。众筹平台在此充当着中介的角色，以撮合投融资交易的形式实现。不过与此同时为投资者或创业者带来的风险也是不小的，一旦众筹平台在中介的过程中能够控制资金 的利用与流动，资金就存在着被平台挪用的可能，一旦资金受损平台又无法填补，那么就会对投资者和筹资者产生巨大的损失。如果要避免这一风险，平台就不能经手或者负责管理资金，平台可选择可信任的第三方平台或是银行。

7.4.3 如何防控时间风险和金额风险

要实现项目资金的合理更新、优化配置及资金安全，就要对项目明确资金筹资时间，具体的时间可按照项目的目标筹资额以及所在行业的市场况而定。对于投资金额的风险则可由法律根据投资者的实际投资能力以及所投资的行业状况进行限定，这一方面可降低投资者的投资风险，另一方可规正整个项目的筹资规模，防止其诱发市场的潜在风险。

第八章

众筹案例：行行都能出“众筹状元”

随着众筹的发展，如今各行各业都与众筹沾上了边。例如科技众筹、电影众筹、农业众筹、公益众筹、房地产众筹、餐饮众筹、出版众筹、保险众筹、旅游众筹、新闻众筹。只有你想不到的，没有众筹涉及不到的。在众多众筹项目中，每个行业都能出几个“众筹状元”。

8.1 科技众筹：荒岛唱机成为国内首个百万级音乐硬件众筹成功案例

荒岛唱机是国内第一个百万级别的音乐硬件类产品众筹成功案例，这个项目是由前城市画报主编、著名媒体人黎文在乐童音乐众筹平台上发起的。历经47天，该项目获得了258人的支持，获得1 029 768元的众筹资金，如图8-1所示。

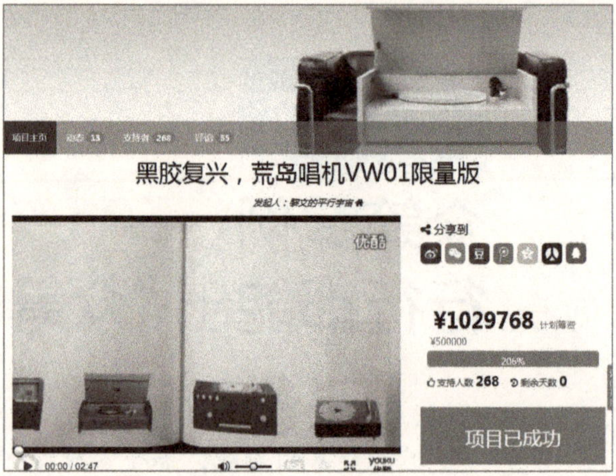

图8-1 乐童音乐“荒岛唱机VW01”项目

黎文之所以会发起这个项目，其初衷是因2013年兴起的全球性黑胶复兴热，其次是基于音乐爱好者对高品质音乐和高品质生活的需求。荒岛唱机不仅仅是一台机器，更是一台时间机器，可以把听众带回1955年的音乐环境中（见图8-2）。可以这么说，这个项目之所以能获得成功，前期依靠的就是各个音乐爱好者对该产品的一种情感上的共鸣，加之黎文团队前期的充分准备和后期的有力推广，配合快速有效的反应回馈，让这一项目成为音乐硬件类众筹的经典代表。

文/黎文

（荒岛唱机产品总策划，荒岛音乐会及荒岛电台创始人）

在我的日常生活中，音乐是不可缺少的存在。

但在数字化的年代，我们大概已经忘了音乐本来的质感。

我们习惯于免费的mp3,快速，下载，听过就忘,阅后即焚。

我们习惯了有几千首音乐装载在手机里随机播放，有多久，没有静下心来听一张“专辑”了？

你是否还记得，一张唱片原来是分A面 和B面的吗？正如世界有白天，也有黑夜。

所以，我愿意制造这台时间机器，带大家回到世界还没那么喧嚣的好时光。

如果说，这宇宙还存在所谓的“荒岛清单”的话，这将是我带到荒岛的第一个收藏品。

我将它命名为“荒岛唱机”，型号为VW01。

V = Vinyl(黑胶唱片)

W = Wildland(荒岛)

01 = 数字世界的两个基本符号，也是世界的开始。

图 8-2 黎文对该项目的介绍

黎文非常善于在营销过程中根据阶段的不同在政策上做及时调整。在众筹项目最开始，爆发的种子粉丝会向外扩散，达到中间阶段时就会有许多观望的粉丝，其一般分为两种，一种是对项目能否成功保持怀疑的态度，另一种是处于消费能力的周转期。因此，在这个中间阶段黎文及时调整了策略，将众筹改预售，给予支持者诚意的回报。调整策略后，项目的热度越来越高，并开始出现了跟风状态，出现了一个小的参与高潮，到项目结束的前几天，用户的热情集中爆发。同时，在整个过程中，乐童的服务非常到位，客服人员 24 小时服务，以便用户咨询。

科技众筹，优秀的产品是前提

科技产品众筹，优秀的产品是前提。产品质量好不好，能否引起受众的共鸣是非常重要的。无论你是做手机、做平衡车，还是和黎文一样做唱机，让受众喜爱的前提就是产品质量过硬。

荒岛唱机的成功就是因为其优良的品质。它是由德国工业设计大师 Doeter

Rams 所领导的 Braun 品牌在 1955 年生产的第一台电唱机 G12，是黎文从伦敦知名收藏家 Dr.Peter Kapos 手里高价收购回来。然后由中国 Hi-Fi 音响界知名设计师曾德均担任总工程师，模仿原型设计的。每一部荒岛唱机的设计和材质都会比较考究，还带有独立的编码，产品发货完毕后就会将模型销毁。这么做的目的是为了让用户能拥有一台特别的唱机，告诉用户是值得他们收藏的。

科技众筹也需要情怀来搭戏

在如今这个时代，在功能性已经普遍的时代，单是产品质量过硬已经不足以吸引用户的眼光。要赢得他们的长期支持，赋予产品情怀、情感是非常重要的。相比于 Kickstater 平台那些工科气息浓重，给人冰冷质感的科技产品众筹项目，黎文发起的荒岛唱机更多体现了“文艺青年”的文艺气息。

科技项目众筹与出版、音乐、文化众筹一样，是最早的众筹项目之一。发展这么多年，市场已经非常成熟，而且随着科技的发展，将有更多的科技产品加入到众筹行业中来，科技产品众筹项目会得到越来越多的人的喜欢。

8.2 电影众筹：《快乐男声》开启众筹电影新模式

2014 年 7 月，中国第一份众筹行业月度报告出炉，报告显示，在众筹网的 1 100 多个项目中，有 64 个为影视项目，数量不多，而且大部分都是小众独立电影或者网络微电影。不过，在这其中，还有一份特别显然的项目，就是以快乐男声为主角的电影纪录片《我就是我》，这部电影在 20 天内成功筹集到了500多万元的资金，引起了众筹行业以及电影行业的注意，如图8-3所示。

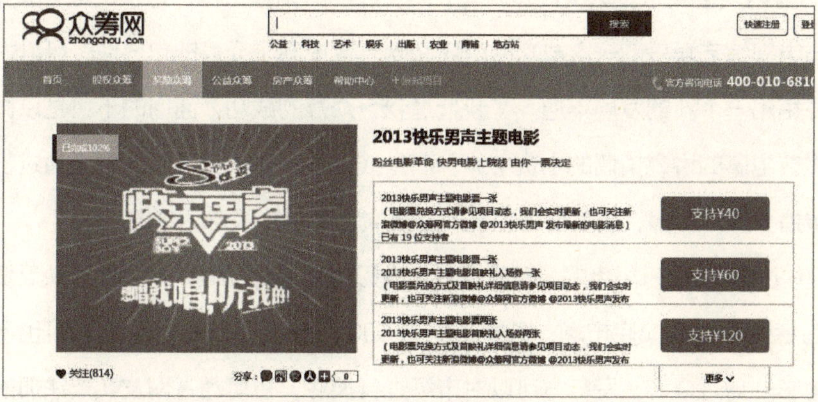

图8-3　“2013年快乐男声主题电影”众筹项目

2013年9月27日是快乐男声的决战之夜，当大家都在关注比赛结果时，天娱传媒和众筹网却玩起了影视类“众筹”的最大赌约——宣布如果20天内筹到500万元资金就会开拍快男电影，并走上影院；如果不能则只能作为内部资料保存，不与广大粉丝见面。不过快男的粉丝非常给力，让该项目提前达标，项目结束前就筹得507万元，获得了近4万人次的支持，创造了当时众筹的最多人数纪录，如图8-4所示。

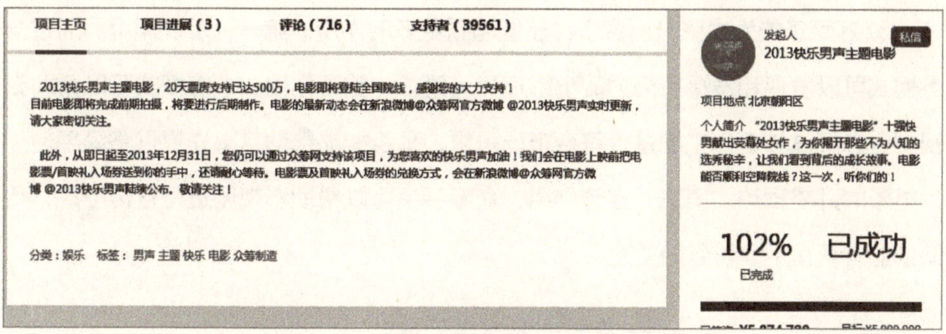

图8-4　《我就是我》众筹项目成功

《我就是我》电影众筹项目设置了5个不同的档位，分别是40元、60元、120元、480元、1 200元，支持者在支付相应的金额后，就可得到不同数量的电影票以及首映式入场券，当日购买数量最高者还可获得与“快男”亲密接触的机会。

有业内人士表示，这次众筹网与天娱传媒的跨领域合作，可以说是中国互联网金融与电视综艺娱乐的一次成功的跨界联姻，这说明了众筹的包容性，可以为电影行业开拓出一个新的发展渠道。《我就是我》众筹的成功，面向的不只是以微电影以及文艺电影的讲究情调的小资群体，而是成百上千万的庞大粉丝群，通过粉丝的话题传播、人际传播，所实现的经济效益是文艺类电影很难达到的。

不过，此次快乐男声的《我就是我》电影选择众筹模式并不是因为缺乏资金，真正的意图是在于摸底市场，天娱不缺这500万元，而500万无论如何也不够拍一部电影。通过众筹，发行方可以对市场进行摸底，也可通过网友买票注册时填写的信息，得到电影观众的相关数据，这样就能为电影进行更好的市场定位。

不过快乐男声大电影《我就是我》的众筹项目虽然成功了，但是在上映时却惨遭了滑铁卢，上映三天排片比例仅为4%，最终票房仅为670万元。不过这票房的惨淡有很多原因造成，不少粉丝都反映，电影排片少，场次时间更是尴尬，基本上是在工作日上午10点，或是下午时间点，有些城市甚至没有排片，使他们无法对换参与众筹时获取的观影券。

众筹模式对电影业所起到的作用

众筹除了能为电影吸引资金，还能起到更多的作用。第一，发现作用。通过众筹模式可以发现和发掘有潜力的电影项目。第二，验证作用。众筹模式可以帮助影视创业者测试其电影主题是否符合市场需求，是否能够帮助其率先提供路演平台，为电影的开播预热。第三，宣传作用，众筹平台可以帮助影视剧进行宣传推广，帮助创业者获得更多粉丝的关注。

做好线下的各方工作，配合电影众筹项目

创业者除了要让众筹项目获得成功，线下各方面的工作也要做好。电影众筹的

目的最主要的还是为了宣传，想通过宣传获得更好的票房。如果众筹项目成功了，但是线下工作没做好，导致票房惨淡，也就等于众筹项目没有成功。就像是快乐男声电影《我就是我》一样，众筹项目是成功了，但因为线下工作没做好，导致票房惨淡，甚至还要给未能兑现的众筹时的电影票退款。

线下的工作，除了做好发布会、首映礼、路演等宣传工作，最主要的还是要为电影争取一个好的排片，有了好排片就不愁没有票房。《我就是我》失败的最大原因就是在排片上。

众筹电影才刚刚开始发展，成功的有，失败的也不在少数。失败也好，成功也罢，这只是电影众筹之路的一个开端，电影众筹还有很大的发展空间等待各个电影创业者去挖掘，相信最终，众筹模式肯定会对电影行业起到一个很大的改变作用。

8.3 房地产众筹：万科地产，千元众筹 6 折买万科

跨界互联网，对于如今的房地产行业已经不再具有新鲜感，现在，各个地产大佬们的嘴里频繁地提及一个词，那就是众筹。2012 年美国的 Fundrise 网站首次将“众筹”这一概念引进房地产行业，创造了“房地产众筹”这一新模式。地产商们可以通过互联网，为自己的地产项目向大众募集资金，而投资者也可从中受益。如今，各个房地产企业都开始涉及众筹，万科就是典型的代表之一。

2014 年 9 月 22 日，万科苏州公司推出了房地产众筹项目，对外的宣传是只要 1 000 元就可用 6 折的优惠买万科，并可以获得不低于 40% 的预期年化收益率，让投资者在认购房源的同时，还能获得理财收益。这是万科联手搜房网对众筹的试水之作，投资人只需要按照万科指定的规则投资就要能获得收益，如图 8-5 所示。

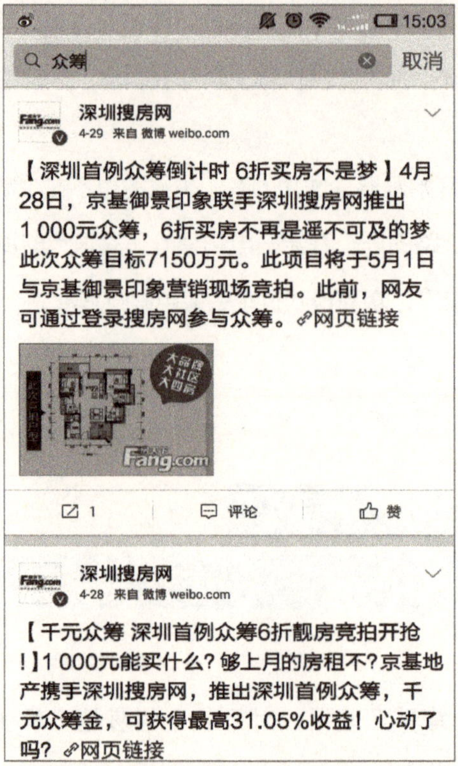

图 8-5　万科联手搜房网推出 6 折买房众筹

万科此次的试水之作是借众筹分析客户的购买能力，万科此次用于众筹的是一套 100 平方米，三室一厅，市场价约为 90 万元的房产。2014 年 9 月 24 日上午，万科在搜房网上对这套房进行了拍卖，起拍价为 54 万，时间为两个小时。所有参与众筹的投资者都可以进行竞拍，最终一人胜出。成交额超出 54 万的部分，万科会将其作为投资收益，分给未能拍得房屋的其他竞拍者。也就是说，不论投资人最终是否能买到房，都可获利。

国外的房地产众筹模式

以美国为例，房地产众筹主要有两种模式。一，房地产债权众筹，即是让投资人筹钱借给发起人，将房产作为这比筹款的抵押金。二，房地产股权众筹，即是让众筹平台设立有限合伙制公司来购买房产，投资者可根据自己的投资金额来占有相应的房产股份，每月收取租金，最后将房产卖出，收益分配则是按每个投资的股权份额来算。

国内房地产众筹偏向于营销

国内的房地产众筹与国外的房地产众筹有很大的不同，除了缺少相关法律法规的规范和支持，众筹市场还不够成熟也是原因之一。因此，国内的房地产众筹更多的是一种营销上的聚客行为。就像是绿城杨柳郡在淘宝众筹上发起的众筹100元“众筹青春”的项目，还有远洋房产在京东上发起的“11元筹1.1折房”等。

房地产加入众筹，其实更多的是地产商们的一种营销手段。就目前国内的众筹发展状态来讲，要让房地产众筹变成真正意义上的众筹，还有很长的路要走。

8.4 公益众筹：尼泊尔，苏宁众筹“一方有难，八方支援”

2015年4月25日14时11分，一场惊天动地的摇晃使尼泊尔人民陷入了巨大的灾难之中，尼泊尔第二大城市博卡拉发生8.1级地震，震源深度达到20千米，这是尼泊尔81年来发生的最大地震灾难，截至2015年4月29日，尼泊尔官方数据称，地震已致5 057人死亡、10 915人受伤。地震波及西藏 19 个县区，已造成西藏 25 人死亡、4 人失踪、383 人受伤，并引发青藏高原雪崩。

地震发生后，以苏宁为代表的企业迅速反应，第一时间启动救灾计划，与中国扶贫基金会、爱德基金会等内地知名灾难救援机构联手，通过网络的力量，汇聚全中国网友的爱心，共同加入到尼泊尔和中国西藏地震灾区的人道主义救援行动中。

在这次灾难救援之中，众筹在公益项目中的作用也彻底地被发挥了出来。中国扶贫基金会联手苏宁众筹启动公益募捐活动，苏宁“阳光 1+1”公益基金第一时间认筹资金为 50 万元。之后只要用户每认筹一份善款，苏宁也将再认购一份同等金额的善款，如图 8-6 所示。

图 8-6　苏宁公益众筹尼泊尔项目

苏宁此次的公益众筹设立了 6 个不同档次的众筹档位，分别为 1 元、10 元、1 000 元、10 000 元、100 000 元。不管爱心人士公益认筹哪一个档位，苏宁都会毫不犹豫地跟进，进行 1：1 匹配同等金额的善款。同时，苏宁还会将给予捐赠者电子感谢卡、电子书等作为爱心人士捐款的回报，如图 8-7、图 8-8、图 8-9 所示。

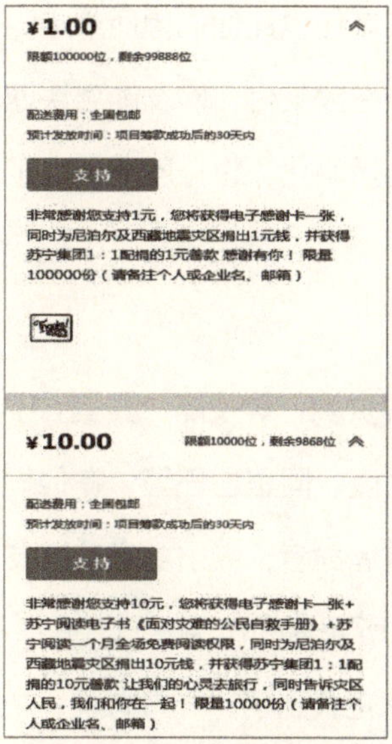

图 8-7　1 元、10 元档位的回报内容

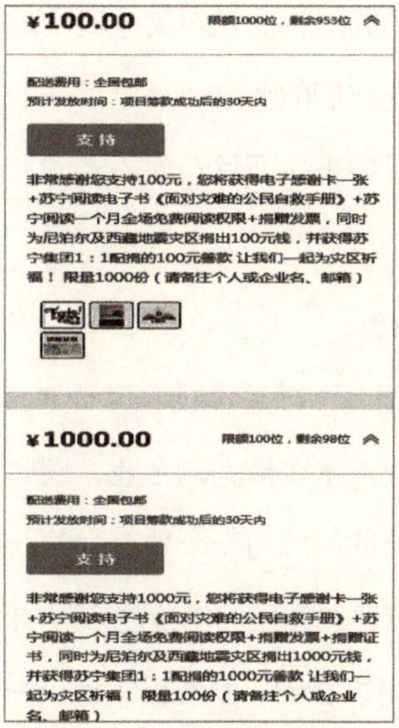

图 8-8　100 元、1 000 元档位的回报内容

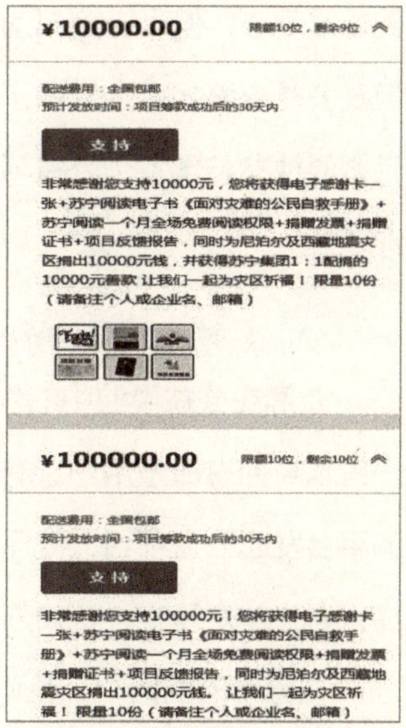

图 8-9　10 000 元、100 000 元档位的回报内容

此次苏宁援助尼泊尔的众筹公益项目与以往不同，据了解，苏宁众筹频道的公益项目的目标一般都是实物，众筹之后都会有实物回报。而此次则是将筹得的善款，全部无偿捐助给尼泊尔以及西藏灾区。可以说，苏宁为公益活动的回报方式做了一次创新。

苏宁所提供的公益众筹平台大大加强了此次救援资金的筹集速度，让尼泊尔灾区人民能以更快的速度获得中国人民的帮助。

苏宁一直都积极地参与公益项目，以立体救灾的模式与公益组织联手救援，汶川地震、玉树地震、雅安地震都出现过苏宁的身影。但是一个人的力量毕竟是有限的，单靠自身的力量苏宁能做的并不多。不过公益众筹的出现，让苏宁跨过了自己做公益的藩篱。通过公益众筹项目，苏宁可以得到更多网友的帮助，将一点点的小爱心，汇聚成大爱心，最后再让这融合苏宁和全国各地的网友的爱心传送给需要帮助的人。

众筹模式为在中国的公益事业打开了一个新渠道

众筹模式的兴起为中国的公益事业打开了一个新道路，以往许多爱心人士即使想献爱心，但也受到渠道的局限，而且对某些机构的不信任也让他们望而却步。但是公益众筹却完全解除了网友们的顾虑。通过互联网和在线支付，网友能更快速且方便地参与到各个公益项目中来，而且众筹模式的完全透明化，也让网友放心了许多。

公益众筹模式筹的不只是钱

众筹在公益事业中的作用，不单是筹钱、筹贡献、筹资源、筹技能，其实对于一些本身拥有海量用户、有新技术可借力的企业，例如百度、阿里巴巴等，在他们的平台发起公益项目，就可让他们成为一个最有力的公益倡导者，吸引更多的网友加入到公益众筹中，就如苏宁此次在尼泊尔公益众筹项目所起到的作用一样。

从苏宁的案例中，我们可以看到，众筹模式让公益真正做到了“一方有难、八方支援”。无论你身在何方，都可以为公益事业献一份爱心。

8.5 农行众筹：安徽“私人定制”土地

金融行业加入了众筹、房地产行业加入了众筹、餐饮行业加入了众筹，现在代表着最传统、最原始的农业也加入众筹，并且来势汹汹。安徽省可以说是最先引入农业众筹的省份之一，对于农业众筹，在安徽省有多种玩法，其中以“土地：私人定制”最受关注。

2014年农历端午期间，安徽省绩溪县湖村迎来一了一批游客，他们不只是来旅游的，还是来下田干活的。这些游客在2个月前在网上众筹投资了“聚土地”项目，把这些农田变成了私人定制。这些被众筹的农田都被挂上了牌子，清楚地写着认购人的名字，每块土地的大小都差不多，都是一分地。认购人可以按自己的意愿在这些农田上种植农作物。认购人可以自己种，也可以交给当地的农业专业合作社负责。

该项目推出后，为当地带来了很大的变化。农企借助电商平台把散地聚集起来吸引人气，为绩溪农业的发展聚集了新的机遇。该项目具体的操作方式是：农民将土地流转给浙江星河电子商务有限公司，再由对方把土地交给当地合作社生产管理。淘宝用户则通过网上预购，对土地的使用权进行认购，最后获得实际农作物。同时，参与项目生产环节的农民除了可以获得土地租金的收入，还能够领到工资。

“聚土地”一期的总销售额为 228 万元，物流开销 84 万元，一期亏损 25 万元，但是一期只是为了打开知名度，建立品牌效应。第一期的 3 500 个用户中，满意度超过 80%。第二期除了土地的范围扩大到浙江、海南、重庆、北京等地区，参与的用户增加到 5 000 多个，截至项目结束，只收到了 6 个差评。二期的物流也得到了有效的改善，大大降低了费用。一期的亏损，二期全都补了回来。如图 8-10、图 8-11 所示。

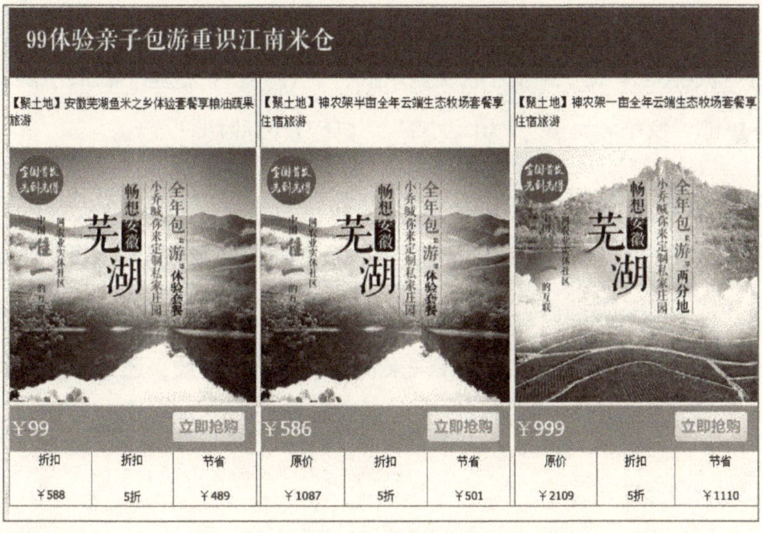

图 8-10 淘宝“聚土地”

图 8-11　淘宝“聚土地”

除了以土地众筹，安徽省还出现了一些农产品认领众筹。2015 年春节刚过，安徽合肥不少农业系统微信朋友圈都收到了一个农业众筹的信息，一个名为“农夫梦”的众筹项目将在一家大型超市楼顶实现。该项目的规划面积达到了 1.2 万平方米，用于种植有机蔬菜、瓜果，并开放农业采摘，还会养殖一些兔子、鸽子供人观赏。仅仅一个星期，这个农夫梦“空中农场”项目便众筹成功。

农产品众筹

农产品众筹是农业众筹中最常见的项目，也是成功率最高的项目。可以说，农产品作为一种新的众筹项目，如今的发展已经步入了稳定的状态。但农产品众筹更多的是一种团购或是预购的状态，在未来发展中会不会变质，还处于观望状态。其实这与农产品本身无关，而是其所能参与的众筹模式性质就是如此。

农业技术众筹

如今农业技术也加入了众筹行列，但在国内，发起这类众筹项目的还是少之又少。目前，国内可以考虑的农业技术众筹有：一，类似于杂交水稻的增产技术，粮食的重要性让其增产技术也受到格外的青睐。二，类似于引种蓝莓等新型农作物的种植技术，这项技术的价值是因为其被世界所公认的稀缺性。三，有机化肥农药技术。随着人们对食品健康的关注度上升，有机产品的市场也在渐渐扩大，有机食品将成为一个不可替代的环节。

除了农产品众筹和农业技术众筹，农场众筹也是目前农业众筹的主要项目。但是农场众筹涉及的筹集资金较为庞大，因此成功的案例并不多。不过随着农业众筹的日趋成熟，这将会得到有效改善。

8.6 餐饮众筹："无树时光"百名大学生玩餐饮众筹

2014年，有108个大学生凑了45万元，在学校附近开了家餐厅。2014年3月4日餐厅开始试营业，除去人力、水电以及材料成本，半个月就盈利1万多元。这个项目名为“无树时光”，发起人是从湖南长沙理工大学毕业的王旭明。

王旭明在项目发起之前，在百威啤酒公司做着薪水不菲的白领工作，不过他还是想自己创业。因此放弃了已经开拓得不错的事业，与同学王晨辉、曾琦打算一起创业开餐厅，如图8-12所示。

图 8-12　网上对“无树时光”餐厅的相关报道

不过，开餐厅，而且是开一家大餐厅并不是一件容易的事，首先面临的就是资金上的困难。他们刚工作没多久，根本没剩下什么积蓄。他们发现众筹是个不错的主意，于是他们就打算通过众筹的方式在学校附近盘下一家餐厅来经营。

他们印制众筹宣传单分发，并在学校食堂的电子屏上打出广告。两个月后，他们一共吸引了 106 位同学的加盟，筹得 44 万元的资金。有的投资人甚至拿出了自己积攒多年的压岁钱，有些股东则把自己的奖学金投了进来。为什么这些没有什么经济实力的大学生肯支持王旭阳的项目？其实也是因为看到众筹的可发展性以及项目的可投资性。相较于同学们的跃跃欲试，项目的 3 位创始人却感到了巨大的压力，因为一旦餐厅失败，同学们将会血本无归。

无树时光餐厅的位置是在长沙理工大学旁边的安置小区内，有 300 多平方米，1 楼是散座，2 楼则是包厢，可同时容纳 118 人就餐。

虽然“无树时光”是由108个投资者建立而成，但拥有餐厅决策的只有3个被由大家推选出来的常务股东，以及由4名在校大学生组成的监事会。由他们和王旭明三个创始人一起来经营管理餐厅。如在实际运营中出现意见分歧，则会在股东群中进行讨论，由108个股东投票达成共识。重大的决策则有常务股东和监事会商议决定，普通股东不享有决策权。餐厅日常事务的管理则是由王旭明三人负责，他们花两万元购买的一台货车，由一人负责采购，一人负责看店，一人负责综合协调。

餐厅开业后不久，就有大企业注意到了他们，麦当劳公司还邀请加盟商们分批考察，附近的一些宾馆酒店也主动与其达成联盟，顾客可在合作单位享有增值服务。

众筹餐饮的利

众筹对于餐饮行业的好处就是“众人拾柴火焰高”，可以帮助缺乏资金的创业者解决餐厅的初始资本问题。实体店面租金高和人力成本高，一直都是实体行业的难题，而且实体店要开始盈利需要经历一段的市场培育期，如果投资人资金实力不足，就很难让餐厅长期经营下去，而众筹恰恰能帮助创业者解决这一资金难题。

众筹餐饮的弊

作为投资者，加入餐饮行业的目的就在于收益，因此市场风险、管理团队专业与否问题、资金能否成功收回是他们最为关注的问题。虽然餐饮行业市场需求坚实，但同时竞争也非常激烈。如今想要运营一家成功的餐饮店非常的困难。因此，投资者在选择餐饮项目时要慎之又慎，可以选择较为成熟的餐饮品牌，或是有专业运营团队管理的品牌。

就目前的市场状态来看，参与众筹的餐饮项目不少，众筹成功的餐饮项目也不在少数，但是运营成功，让投资人获利的餐饮项目却少之又少。其中牵扯的具体的后期运营弊端不解决，那么餐饮众筹将很难得到大的发展。

8.7 《社交红利》推出，未出版已众筹10万元

近年来，不少作家、图书策划人开始摸索众筹这一出版模式，成功的案例不在少数。从国内外的众筹发展状态来看，众筹非常适合那些创造知识产权的行业。出版一本书并不需要太多的资金，因此，成功的概率还是比较高的。在众多图书众筹案例中，徐志斌的《社交红利》一书可以说是经典代表。《社交红利》首次印刷就通过“众筹”的方式预售了3 300本，引起业界强烈的关注，如图8-13所示。

图8-13　众筹网《社交红利》

《社交红利》的作者徐志斌本身是腾讯微博开放平台的资深员工，专注于互联网与创业领域，于2007年正式加入腾讯，多年的从业经验让他萌生了写书的想法，《社交红利》一书就是他的经验总结、智慧结晶。为了让自己的书能顺利发行，徐志斌注意到了众筹，在经过了解后，认为众筹模式完全可行，于是就在社交网站上

发起了众筹项目。

2013 年 7 月 26 日，《社交红利》在众筹网站上正式上线，期限为 32 天，目标筹资金额 10 万元。项目结束后，成功获得 279 名读者的支持，共筹得资金 107 220 元。徐志斌的第一本书籍与第一次众筹都大获成功。为什么说他的一本书籍也大获成功呢，那是因为该项目的众筹成功，代表着这本书还未发行就已经卖出了 3 300 册，10 万元的资金已经保证了这本书不会亏本，如图 8-14 所示。

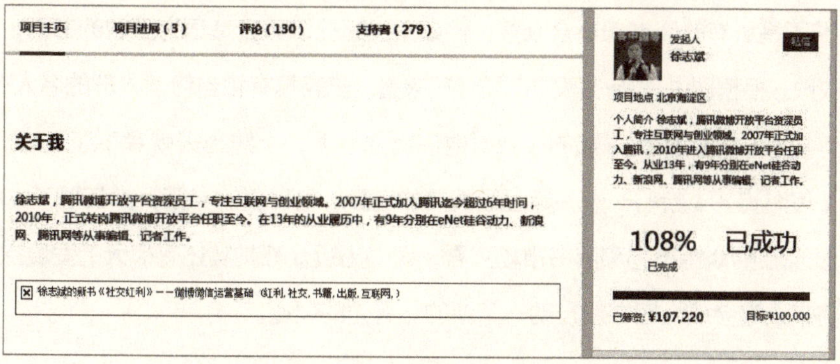

图 8-14 《社交红利》项目已获得成功

众筹给徐志斌带来的不仅仅是 3 300 册的前期销量，因为众筹项目的成功，徐志斌的《社交红利》一书可说是轰动了整个出版界。许多出版商因此看到了这本书的魅力，并为此大肆宣传。可以说，众筹给徐志斌带来了一次免费营销的机会。该书出版后，一个月内就卖出了 5 万册。

《社交红利》一书的成功，让很多人看到了图书市场的希望，很多作者也纷纷加了众筹行业中，希望通过众筹来帮助自己获得出书的资金。

众筹对图书出版的促进作用

如果操做得好，众筹能为图书出版起到很大的作用。众筹的特质恰好符合社交网络传播的关键：即大众的给予创业者信任和支持，在成为投资人之后，为了帮助项目获得成功或是获得更大的成功，参与者将会变成一个新的有力传播渠道，例如邀请好友参与，在社交网络上做宣传。一些新的商业工具在出版行业中的应用，不仅对经管类书籍有意义，对于一些小众的、严肃的文史类、研究类书籍的出版也很有帮助。这类书籍不但对作者的要求高，对读者的要求也高，因此往往很少有出版社愿意冒风险出版这样明显市场有限的书，但对这方面图书有兴趣的读者又很难接触到这类书的作者。因此，这类书很多都被搁置了，而众筹能在一定程度上帮助解决这个问题。

不是所有图书都适合众筹，名人书籍有优势

并不是所有的图书都适合众筹，例如某出版社以童言童语为主题的书籍，就遭遇了失败。根据图书出版众筹的市场情况来看，已经具有相当粉丝人群的名人书籍，较为容易成功。例如林志颖的《我对时间有耐心》，上线当天就拿下了 10 万元，还有《狼图腾》《新的一天》等已经被拍成电影、电视剧的书籍，都获得了成功。

从现在的众筹市场和图书市场来看，图书出版众筹其实还有很大的发展空间，相信将来众筹会成为图书发行的一条新的、有力的渠道。

8.8 保险众筹：众筹网与长安，我为爱情保个险

2013 年 1 月 7 日，众筹网携手长安责任保险股份有限公司在北京举办“众筹制造：长安保险‘爱情险’发布会顺利落幕。会上，长安保险表示要在 11 月 6 日至 10 日在众筹网公开向社会募集亿元，若能成功筹得 1 万份爱的承诺，就会成立一个“爱情保险”产品，在 11 月 11 日正式启动在线预售。如图 8-15 所示。

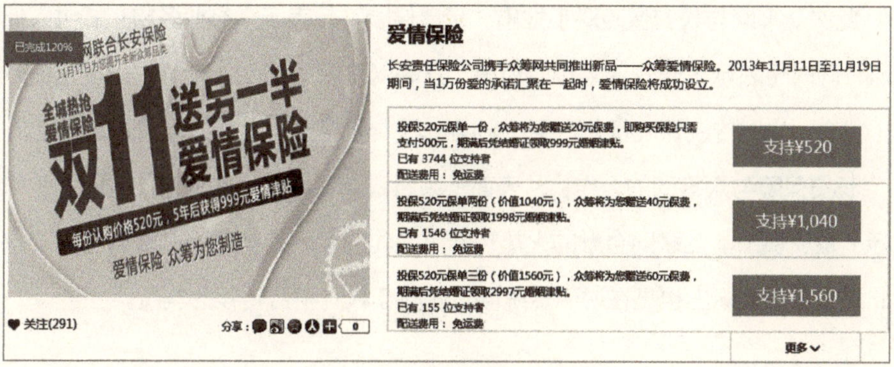

图 8-15 “爱情保险”

长安保险每份 520 元，寓意为“我爱你”，5 年后投保人如果与投保时的指定对象结婚或是已婚人士 5 年后还未离婚，就可领取到每份 999 元的婚姻津贴。18~36 岁的未婚、已婚人士就可购买，每人限购 5 份。为了回报参与人的真情，众筹网还给每份保险赠送了 20 元的保费，也就是说投资人购买爱情保险式只需要 500 元。这种“爱情保险”模式，被网友戏称为“会生财的爱情表白”，众筹网与长安之所以选择在“光棍节”上线该项目，也是因为现代年轻人对于该节日的重视，以及这个节日所寓含的意义，如图 8-16 所示。

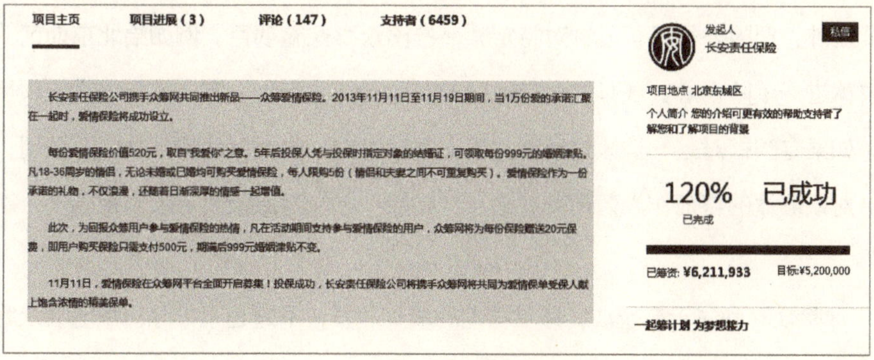

图 8-16 爱情保险

此次众筹网与长安保险联手推出“爱情保险”代表了众筹业务将正式进入保险领域，同时也表示了长安保险正式迈出了互联网金融的步伐。众筹的出现正在改变整个社会，也对传统保险行业产生了影响，其中最明显的就是销售模式的改变。

长安保险与众筹网的合作，从表面上来看是众筹网对众筹业务的进一步扩张，实际上是反映当前互联网金融的火热和不可逆转的发展趋势。而众筹网与长安保险的此次试水，实际上也是在说明传统保险业向互联网平台转移的实质。

众筹与保险

从众筹的商业模式中可以看出，众筹不一定就是保险，但是保险天生就是众筹。保险和众筹有着相同的特质，就是“人人为我，我为人人”。可以说，保险是非常契合“众筹精神”的产品。保险公司可以作为项目的发起人，通过收取保费来募集的资金。当需要启动保险理赔后，赔款的支出则来源于众筹的保费。可以说，众筹和保险的核心都是一致的，都是互助的。

保险公司借力众筹营销

保险公司利用众筹模式为自己的品牌或是产品做营销，不管是“求关爱”“爱升级”“爱情连连看”“爱情保险”等众筹项目，实质上都是保险公司想借众筹的影响力做宣传而推出的。其实，这种模式可以多多尝试，因为事实证明效果不错。除此之外，保险公司还可以针对特定领域推出众筹保险项目。例如给北京地区的教师群体进行车险众筹，或是对北京地区的医生进行健康险众筹，都是不错的项目选择。如果专门针对某一群体进行特定险众筹，设定一些专属性的条款以及费用，然后针对该群体的特征作为营销的突破点，相信一定能为保险众筹项目找到一个新的出路。

保险众筹尚属于新玩法，还是营销的成分居多，不过也不排除日后随着众筹模式的完善，保险众筹成为真正意义上的众筹。

8.9 旅游众筹：来自很多人投资的“很多人”旅行社

2014 年 12 月 16 日，中国第一家众筹旅行社“很多人旅行社”在徐州发起，该旅行社一经公开，就吸引了众多旅游爱好者的眼球，每天都有好几十个人咨询加入。

这个众筹项目的发起人名为彭松超，微博个人认证为徐州互联网行业协会秘书长。他表示，之所以发起“很多人旅行社”这个项目，是因为在全国各地兴起的“很多人咖啡”给的灵感。彭松超仔细研究分析了“很多人咖啡”的模式后，便在新浪微博自媒体平台上发起，面向本地微博粉丝发起众筹项目，目标资金为 50 万元。其中 20 万元作为旅游资质担保押金，30 万元作为公司的流动发展基金，如图 8-17 所示。

图 8-17 “很多人旅行社”微博

彭松超发起很多人旅行社众筹项目，不仅仅是为了筹集资金，更是为了解决旅行社以后的游客客源问题。“很多人旅行社”门槛很低，只要 1 000 元就可入股，这种标准几乎人人都可达到。只要 1 000 元，就能成为旅行社的老板，这吸引了众多的中小创业者以及旅游爱好者的加入。

旅行社成立之后，这些股东如果有旅行需要，肯定是选择自家的旅行社，同时还会介绍身边的朋友来自己的旅行社旅游。这样一来，“很多人旅行社”不只能筹集资金，还积累了大量的游客资源以及宣传人脉。

很多人旅行社对于股东福利的设置：第一，股东可每年享受一次利润分红；第二，每投资 2 000 元就可享受一次免费国内旅游；第三，每年可享受成本价旅游 2 次；第四，每年可享受 3 次公益自驾游；第五，每天组织一次股东大聚会；第六，股东可以兼职形式参加体验公司运营；第七；股东可以免费加盟很多人旅行社开分店；第八，股东之间可通过资源共享形成一个内部联盟体系。

总之，很多人旅行社的出现不单是给旅游行业带来的了新鲜的血液，也给喜爱旅游的人多了一种更加省钱便捷的旅游渠道。

旅游众筹机遇与挑战并存

旅游众筹项目一出现就受到了业界的广泛关注和充分重视，是因为它能满足现代人对于旅游的需求。但是理想很丰满，现实很骨感，旅游众筹现在只是个开端，未来的发展之路充满了荆棘，根据《北京商报》的报道，旅游类众筹项目的成功率极低，遭到了市场冷场 。

旅游类众筹项目受冷有很多原因，首先是因为处于发展初期，公众的认知度不高，针对这一点，各大旅游众筹平台应当加大宣传的力度，让更多的人知道众筹旅游。其次，因为市场旅游众筹项目的泛滥，其中不乏滥竽充数的项目，公众对此的信任度非常低。因此，要做好监管工作，提高旅游众筹的安全性。最后，旅游项目和市场上其他的众筹项目不同，涉及多方利益群体，产品的灵活性很低。因此就像“很多人旅行社”一样，即使筹到了资金，未来如何开发旅游项目也是一大难题。

创新是旅游众筹的关键点

旅游众筹能给创业者带来商机，给旅游爱好者带来新的旅游渠道，但与此同时也要考虑如何完善项目、降低风险，让投资人做到休闲理财两不误。对于投资者而言，评判旅游众筹项目的好坏是品质。因此，企业要在旅游项目的个性化、特色化、优质化上多做关注。最好是能根据每个旅游地点的不同量身定制众筹项目，可在当地的民俗文化的独特基础上，打造独一无二的旅游产品体系。

8.10 新闻众筹：《揭秘金钱左右下的时尚圈》

新闻众筹其实自很早就出现了，但不知为何该类项目成功的并不多，很多人对此都抱着不乐观的态度。不过，总的来说，众筹新闻的出现，让新闻采集有可能变成一件不依托媒体也能完成的事——依托众筹的模式，帮助新闻从业人员完成一篇报道。

《新京报》记者巫倩资就是通过众筹的模式为自己完成了一篇名为《揭秘金钱左右下的时尚圈》的时尚稿件。在发起项目的一个月前，巫倩姿对于众筹的概念还只是停留在咖啡馆、科技产品、公司股权等，从未想过自己所从事的行业居然也和众筹扯得上关系。

她在一名从事众筹工作的好友的建议下，发起了名为《揭秘金钱左右下的时尚圈》的新闻众筹项目。筹款目标是 1 000 元。她在募资用途中写道：“采访交通费以及社交费。”众筹资金的用途主要是用在采访中的交通费以及请采访者喝咖啡的费用。她打算利用这笔众筹得到的钱再采访一些媒体人、公关人和品牌经营者。如图 8-18 所示。

图 8-18　众筹网《揭秘金钱左右下的时尚圈》项目

2013 年 1 月 20 日，巫倩姿在众筹网正式提交了项目，设置的回报是“发布公开感谢信”以及“参加时尚派对”等内容。一开始，巫倩姿只是抱着试一试的态度，并没有想到自己的项目能不能成功，更不知道大家对这个话题有没有兴趣。结果却出乎她的意料，只是过了 9 天，她登录网站上，发现筹款目标已经完成。页面显示，她的项目获得了 16 位支持者的支持，筹得 1 100 元资金，其中有 10 个人资助了 10 元，有 2 个人资助了 100 元，4 个人资助了 200 元。这些完全陌生的资助者让巫倩姿非常惊喜，她没有想到自己的新闻众筹项目居然能获得成功，而且还获得了这么多陌生人的支持。该项目的成功，让巫倩姿看到了众筹的发展潜力，之后她又发起了几次新闻众筹，也都获得了成功，如图 8-19 所示。

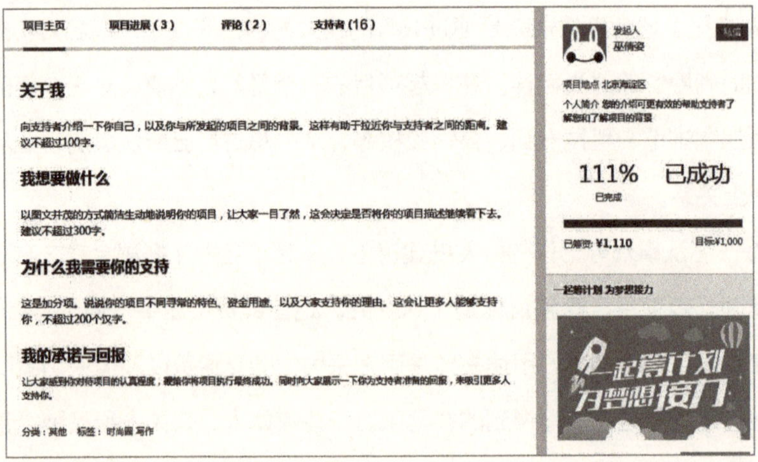

图 8-19　项目已获得成功

众筹新闻模式的风险

一，可能降低新闻质量。在众筹网站上，众筹项目五花八门、种类繁多，进入的门槛较低，这有可能会降低新闻的质量。而且，互联网是一个开放性的平台，新闻项目要接受比传统新闻更多的检验和审核，久而久之就会有迎合大众的倾向。二，可能变成一种商业新闻。众筹本身就属于经济领域，新闻和经济的结合有可能会导致两种负面结果：一种是有些人会以新闻的名义获取利益，另一种是为了迎合出资方也就是大众的口味来做新闻。这样就破坏了新闻的客观性，很难做出纯粹的新闻。三，众筹模式可能会被一些有心人所利用。虽然众筹新闻在上线之前会经过审核，但毕竟是先筹钱然后再执行的模式，资金一旦到达发起方手里，之后新闻项目的执行与否、如何执行、质量如何、回报率等环节都很难得到保证，更有甚者，发起者圈钱消失。四，众筹新闻可能会触及法律和政策的红线。我国对互联网的监管还不完善，众筹平台上的新闻更因为脱离了传统新闻的严格审查，而触及法律和政策的红线。其运作模式和合法性边界的模糊，公众新闻的消费习惯都是一大难题。

新闻众筹的模式还不太成熟，有很多急需解决的问题目前都无法得到妥善的解决，国家对此的相关规定也尚不清晰。总之，新闻众筹还有很长的路要走。